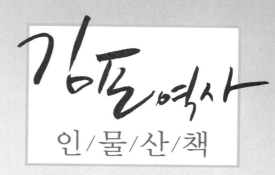

김포역사
인/물/산/책

이경수

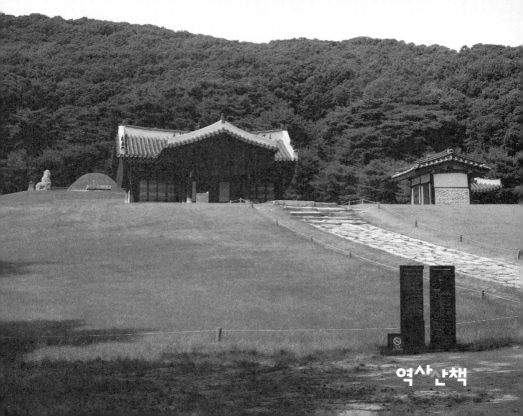

역사산책

　김포와 인연을 맺은 지도 참 오래되었습니다. 근 30년 전부터 최근까지 양곡고등학교에 근무했습니다. 퇴직한 이후에는 몇몇 기관에서 간간이 강의하고 답사 안내도 하고 있습니다. 그 사이 김포는 참도 많이 변했습니다. 저는 점점 늙어가고 김포는 점점 젊어집니다. 가끔은 어느 까마득한 아파트 골목에서 어지럼을 느낍니다.

　중심을 잡는 데는 역사가 제격입니다. 김포에서 태어난 사람, 사는 사람, 직장생활 하는 사람, 잠든 사람, 모두 김포 사람입니다. 등잔 밑이 어둡다고, 적지 않은 사람이, 김포에 볼만한 역사가 뭐 있겠어, 생각해 버립니다.

　그렇지 않습니다. 김포에도 옛사람의 업적과 슬픔과 기쁨과 고뇌 그리고 눈물이 스며 있습니다. 그 사람들의 흔적을 따라가며 하나둘 배우고 느낄 것들이 많습니다. 그렇게 역사에 관심을 갖다 보면, 아! 김포, 애정도 생깁니다.

　그렇다고 지역 주민의 자부심, 소속감, 이런 것을 이끌어내려는 목적으로 이 책을 쓴 것은 아닙니다. 이 책 내용은 김포와 연관 있는 인물을 뽑아 엮은 조선시대사입니다. 대표적인 문화재에 대한 기본적인 설명도 곁들입니다. 필자가 선정한 인물은 중요도에 있지 않습니다. 조선시대를 흐름으로 이해하는 데 도움이 될 만한 인물 위주로 엮었습니다.

　조선왕조실록 등 사료 번역문을 옮겨 올 때 어느 정도 윤문을 했습니다. 전문 연구서가 아니기에 독자들의 편의를 위해 낯선 용어를 익숙한 말로 바꾸고 문장도 적절하게 다듬어서 인용했습니다. 원문이 필요한

분들을 위해 주(註)로 출처를 밝혔습니다.

비록 '교양으로써의 조선사'를 표방했어도, 김포라는 특정 지역 인물로 한정한 서술이라 독자층이 제한적일 수밖에 없을 것입니다. 그런데도 역사산책 출판사에서 흔쾌히 손잡아주었습니다. 그저 감사할 따름입니다.

아무쪼록 이 책이 김포에 관심 있는 분들에게 괜찮은 읽을거리가 되었으면 좋겠습니다. 뭔가 조금이라도 배움이 있기를 원합니다. 학생들의 한국사 공부에도 보탬이 됐으면 합니다. 책을 읽다가 한 번쯤 지금의 인생을 돌아보게 된다면, 정말 좋겠습니다. 인연 맺어주신 독자 여러분, 고맙습니다.

이경수

차 례

● 산책을 나서며 / 3

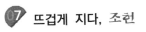

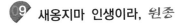

01 전설 그 이상의 가치, 손돌

1866년(고종 3) 어느 날, 한 장수가 손돌 묘에 예를 올린다. 병인양요를 승리로 이끈 양헌수 장군이다. 그는 손돌의 무덤 앞에 서서 바다를 무사히 건너게 해달라고 빌었을 것이다. 더하여 적을 무찌르게 해달라고 기원했을 것이다. 손돌! 그가 누구이기에.

– 바가지를 띄우시오

손돌은 뱃사공이다. 어느 임금이 난리를 피해 강화도로 가게 되었다. 김포에서 배를 타야 강화도로 들어갈 수 있다. 임금을 모실 사공으로 손돌이 선발됐다. 임금 일행을 태운 배가 출발했다. 그런데 심히 출렁인다. 임금과 신하들이 보니 손돌이 물살이 세서 위험해 보이는 곳으로 배를 저어 가는 거다.

잔잔한 곳으로 가도록 명했지만, 손돌은 듣지 않았다. 자신이 가는 길이 안전한 물길이었기 때문이다. '이놈이 나를 죽이려고 하는구나.' 의심이 인 임금은 그 자리에서 손돌의 목을 치게 했다. 손돌은 죽기 직전 바가지 하나를 꺼내 놓으며, "내가 죽거든 이 바가지를 물 위에 띄워 흐르는 대로만 배를 저어가시오."라고 말했다. 그러면 사나운 여울을 피해 무사히 강화 섬에 닿을 것이라 했다.

그가 죽자 물결이 더욱더 거칠어지고 배가 요동쳤다. 혼비백산, 와중에 정신을 수습한 누군가가 바가지를 띄웠다. 바가지 흘러가는 길 따라

배를 몰아가니 정말 신기하게 강화 땅에 닿았다. 임금 심정! 짐작이 간다. 얼마나 민망했을지. 임금은 충성스러운 백성을 의심하여 죽인 걸 후회했다. 그래서 손돌을 위한 사당을 짓고 그의 원혼을 위로하게 하였다.

손돌이 죽임을 당한 그 날이 10월 20일이라고 한다. 양력으로 따지면 11월 말쯤이다. 아직 본격적인 추위 전이다. 하지만 이날만 되면 칼바람에 추위까지 닥치곤 한다. 손돌의 한이 부른 바람이요, 추위다. 그래서 사람들은 지금도 '손돌추위', '손돌바람'이라고 말한다.

손돌이 처형된 그 바다는 '손돌목'으로 불리게 되었다. 김포 대곶면 신안리 덕포진 근처 손돌묘와 강화 광성보 용두돈대 사이 바다가 손돌목이다. 손돌목은 명량해전의 현장인 울돌목과 함께 물살이 가장 센 곳으로 꼽힌다. 가서 보면 정말 물살이 심상치 않다.

▲ 손돌목 전경

- 누가 손돌을 죽였을까

손돌을 죽인 임금은 누구일까? 알 수 없다. 왜 모를까. 손돌 이야기는 역사적 사실이라기보다 전설에 가깝다. 누군가의 완전한 창작일 수도 있고, 특정 사실이 점점 극적인 이야기로 확산하면서 재구성됐을 수도 있다.

언젠가 강화로 향하던 꽤 높은 사람이 손돌을 죽인 사실이 있는데, 그 이야기가 전해지면서 높은 사람 누군가가 임금으로 바뀌었을 가능성도 있다는 얘기이다. 한편, 손돌이라는 사람으로 인해 손돌목이라는 지명이 생긴 것이 아니라 원래부터 있던 손돌목이라는 지명에서 손돌 이야기가 만들어졌다는 연구도 있다.

역사는 중요하고, 전설은 중요하지 않은 걸까. 그렇지 않다. 오랜 세월 입에서 입으로 전해지다 문자 기록으로 남게 된 전설은 역사의 빈틈을 채워주는 소중한 문화 자산이다. 전설에서 뭔가 교훈을 얻게 된다거나, 가슴속을 토닥토닥 건드리는 요소를 만나게 될 때 우리는 전설의 소중한 가치를 새삼 느끼게 된다. 때로 역사적 사실보다 더 소중한 전설이 있다. 손돌목 이야기가 그렇다.

제가 손돌이라면, 바가지를 꺼내놓지 않았을 것 같습니다. 나를 죽이라는 임금이 얼마나 밉겠어요. 이왕 죽을 거라면 그냥 같이 죽지. 나는 칼에 죽고, 임금은 물에 죽고. 그런데 손돌은 임금을 살렸습니다. 왜 그랬을까요. 손돌도 임금 일행이 미웠을 겁니다. 자신을 믿지 않는 그들이 야속했겠죠. 그런데도 임금에게 살 방법을 알려주고 죽었습니다.

충성심입니다. 저는 손돌의 충성심을 임금에 대한 충성이라고 해석하고 싶지 않아요. 나라에 대한 충성, 애국심으로 봅니다. 당시는 임금이 곧 국가인 시절입니다. 임금이 죽으면 나라가 망하는 것으로 생각했을 수 있습니다. 이 나라가 망하기를 백성 손돌은 원하지 않았습니다. 결국 임금을 살려야 했습니다. 자신은 죽임을 당하더라도.

손돌의 마음이 곧 이 나라 백성의 마음입니다. 갖은 고난 이겨내며 수천 년 이 나라가 이어진 것은 을지문덕, 강감찬, 이순신의 덕분만이 아닙니다. 바로 이름 없는 백성, 우리의 조상들이 피로 눈물로 지켜낸 덕분입니다. 못나도 내 나라, 끌어안으며 목숨을 던져 지켜낸 이 땅입니다. 손돌의 마음입니다.

동학농민운동을 배경으로 한 어느 드라마에서 주인공이 했던 말이 떠오릅니다. 대략 이런 내용이었습니다.

"나라가 뭐여?

임금?

종묘사직?

나한테는 나라 구하겠다고 싸우는 백성, 그게 나라여."

그런데요, 손돌이 배 태웠던 그 인물, 손돌을 죽인 그 인물이 임금이 아닌 어떤 높은 사람이라고 다시 가정해보죠. 그래도 손돌은 그 높은 사람을 살렸을까요? 손돌 이야기를 소재로 다큐멘터리를 제작하는 분을 만난 적이 있습니다. 그분 대답은 이러했습니다.

"살렸을 것이다. 왜? 사공으로서의 자부심, 장인 정신. '어쨌든 내 배에 탄 승객이다. 나는 저들을 목적지까지 안전하게 모셔다드릴 의무가 있다. 내 목숨이 여기서 끝날지라도.' 이렇게 맘먹고 바가지를 띄우게 하지 않았을까?"

손돌 이야기는 여백이 넓습니다. 그 여백에 여러분만의 그림을 그려보시기 바랍니다. 만약 이 글을 읽는 당신에게 초등학생 정도의 자녀가 있다면, 또는 초등학생을 가르치는 선생님이라면, 아이에게 물어보세요. 손돌은 왜 임금(높은 사람)을 살렸을까? 우리가 생각하지 못했던 기발한 답변이 아이들 입에서 나올지도 모릅니다.

이제 손돌의 배에 탔던 그 임금이 누구인지 궁금해할 필요가 없어졌다. 그래도 이런저런 임금이 말해지니까 그 임금이 주인공일 가능성이 있는지 한번 확인해보자. 18세기 중엽 영조 임금 때 편찬된《여지도서》에 손돌 이야기가 실려 있다. 그 일부를 보자.

옛이야기에 따르면 고려 공민왕이 몽골 군대에 쫓겨서 섬으로 피난하게 되었다. 공민왕이 배를 탔을 때 손돌이 배를 조종했다. … 그의 목을 베어 죽이도록 했다. 뱃사람들이 강변에 그의 시체를 묻어주고 그 땅의 이름을 손돌항이라고 했다고 한다. 무덤의 모양은 지금까지도 뚜렷이 남아있다.

《여지도서》에 '옛이야기에 따르면'이라고 했다. 이야기의 유래가 꽤 깊다는 걸 알려준다. 공민왕이 외적의 침략으로 피난 갔던 것은 사실이다. 홍건적의 침략 때 개경에서 경상북도 안동까지 갔었다. 원나라 말기에 한족들이 반란을 일으켰다. 반란군이 머리에 붉은 두건을 둘렀다고 해서 홍건적이라고 부른다. 그냥 자기네 땅에서 지지고 볶고 다하면 좋았을 걸, 정부군에 밀린 반란군 즉 홍건적이 고려로 밀려 들어왔다. 고려는 그들을 격퇴했지만, 피해가 막심하였다. 아무튼, 공민왕은 안동으로 갔다. 강화가 아니다.

고려 때 몽골 군대를 피해 강화로 간 임금은 고종이다. 그래서 손돌의 배에 탔던 임금이 고려 고종이라는 말이 널리 퍼져 있지만, 이 역시 사실과 다르다. 개성을 떠난 고종은 강화의 북단 승천포에 내렸다. 손돌목을 건넌 것이 아니다. 거친 염하를 타고 남쪽으로 내려와 손돌목에 이를 이유가 전혀 없다. 더구나 고종이 강화로 갈 때, 계절은 여름이었다.

고종이 개경에서 강화로 천도한 것은 1232년이다. 이 해를 손돌이 죽임을 당한 해로 간주하고, 그때부터 따져서 "올해가 몇 주기이다" 식으로 말하는 경우가 있는데, 이는 적절하지 않은 것이다.

그러면 또 어떤 왕이 거론될까? 조선 인조다. 인조는 정묘호란 때 후금군을 피해 강화로 갔다. 맞다. 그러나 인조는 남쪽 손돌목이 아니라 북쪽 갑곶을 통해 강화로 들어갔다. 지금 강화대교가 있는 그쪽이다. 인조가 이괄의 난 때 강화로 피난했고 그때 손돌의 배를 탔다는 이야기도 종종 들린다. 이괄의 난을 피해 인조가 갔던 곳은 강화가 아니고 충청남도 공주이다. 손돌은 죽인 임금, 인조도 아니다.

고려 공민왕과 고종 그리고 조선 인조 모두 가능성이 없다. 그냥 "어느 임금이…"로 가는 것이 제일 무난할 것 같다. 손돌 이야기를 소재로 한 자그마한 소설책이 있다. 소설에서 손돌을 죽인 임금으로 누구를 지목했을지 궁금해서 읽어보았다. 고려 고종도 아니고 조선 인조도 아니다. 희종을 주인공으로 설정했다. 참신하다.

희종(1204~1211)은 고려 무신집권기의 왕이다. 실권자 최충헌을 제거할 계획을 세웠다가 실패하고 최충헌에 의해 폐위되어 강화로 유배된 인물이다. 이후 자연도(영종도) 등으로 옮겨지다가 죽어 강화에 묻혔다. 희종 왕릉 석릉이다.

그런데 희종 역시 강화도 북단으로 들어왔다. 손돌목을 건넌 것이 아니다. 작가는 희종이 강화에서 자연도로 옮겨질 때 손돌의 배를 탄 것으로 구도를 잡았다. 강화 갑곶에서 손돌이 모는 배를 타고 자연도로 향할 때 손돌목에 이르러 손돌의 목을 벤 것으로 이야기를 전개했다.[1] 손돌 이야기는 훌륭한 문화 콘텐츠임이 틀림없다.

– 간절함은 기도를 부르고

《여지도서》에 비교적 상세히 손돌 이야기가 나와 있다. 그런데 손돌을 죽인 것으로 이야기가 끝난다. 바가지를 띄우라는 손돌의 '가르침'에 대한 내용은 없다. 바가지 이야기는 나중에 덧붙여진 것으로 보인다. 19세기에 편찬된, 세시풍속을 정리한 책들에도 손돌 이야기가 간략하게 실려 있다. 여기에도 바가지에 대한 내용은 없다. 그대로 옮겨본다.

10월 20일
강화 부근 바다 가운데에 암초가 있는데, 이곳을 손돌목[손석항,

---

1) 구종서, 《손돌선장과 임금님》, 청미디어, 2008.

孫石項]이라고 한다. 방언에 산수가 험하고 좁은 곳이 '목'[項]이 된다고 말한다. 전해 내려오는 이야기에 고려 때 손돌이라는 뱃사공이 10월 20일에 이곳에서 억울하게 죽어서 그의 이름을 붙였다고 한다. 지금도 이날이 되면 바람이 불고 매섭게 추워 뱃사람들은 조심하고 삼가며 집에 있는 사람도 털옷을 준비하고 근신한다.
《열양세시기》

기타 10월 행사
이달 20일에는 해마다 큰바람이 불고 추운데 그것을 손돌바람이라고 한다. 고려의 왕이 바닷길로 강화도에 갈 때 뱃사공 손돌이 배를 저어 가다가 어떤 험한 구석으로 몰고 가자 왕이 그의 행위를 의심하여 노해서 명령을 내려 그의 목을 베어 죽였고, 잠시 후에 위험에서 벗어난 일이 있었다. 지금도 그곳을 손돌목[孫石項]이라고 한다. 손돌이 죽임을 당한 날이 바로 이 날이므로 그의 원한에 찬 기운이 그렇게 하는 것이라고 한다.
《동국세시기》

개항 얼마 후 손돌 묘소에 다녀간 어느 서양인은 이런 기록을 남겼다. "죽은 영웅의 무덤이 강을 오르고 내리는 여행객들이 볼 수 있는 절벽 저 끝쪽에 선명하고 분명하게 서 있었다. … 작은 둔덕 위에 손돌의 사당이 있었는데, … 보잘것없는 구조물이었다. 말하자면, 다소 서툰 인물화가 손돌의 초상으로 의도된 벽면 위에 칠해져 있었는데, 그 밑에는 소원을 비는 봉헌물을 담아두기 위한 긴 선반이 있었다."[2] 이 손돌 사당은 일제강점기까지 존재했다고 한다.
손돌이 백퍼센트 창작된 허구 인물일 가능성이 있느냐고 묻는다면 나는 그렇다고 대답하겠다. 상대가 또 묻는다. 그렇다면 어떻게 사당이

---

2) 이영태, '뱃사공 손돌 설화 현장 묘사', 인천일보, 2014.12.11.

존재했었고 또 묘가 있을 수 있소? 대답하기 참 어렵다. 그래도 궁색하나마 답변하자면 이러하다.

우리가 아는 이야기와 비슷한 연유로 죽임을 당한 사공이 진짜로 있었을 가능성이 있다. 그럼 묘가 있는 게 이상하지 않겠지. 그러나 창작된 전설이라면 손돌의 묘는 실제 시신을 모신 묘가 아니라 혼령을 모신 일종의 초혼묘(招魂墓)라고 봐야 하지 않을까. 굳이 초혼묘를 만든 이유는?

강화와 김포 사이로 흐르는 좁은 바다, 염하는 물살이 세고 곳곳에 암초가 있어서 매우 위험한 뱃길이다. 특히 손돌목 부근이 그렇다. 배가 침몰하는 사고가 자주 일어났다. 그래서 고려 때도 조선 때도 인천 앞바다쯤에서 한강으로 바로 연결되는 운하를 만들려고 애썼지만, 성공하지 못했다. 굴포천(掘浦川)이라는 지명에 그 흔적이 남아있다. '굴(掘)'은 '파다', '뚫다'라는 뜻이다.

뱃사람들에게 손돌목은 공포의 대상이었다. 이곳을 무사히 지날 수 있기를 간절히 소망한다. 간절함은 기도를 부르고 그 대상이 자연스럽게 손돌이 되었다. 한 번도 본 적 없는, 볼 수도 없는 용왕님께 빌 듯 이곳에 서린 손돌의 한을 풀어줘서 무사히 목적지로 갈 수 있기를 바라는 손돌 신앙이 생겨난다. 기도의 대상으로 묘를 조성하고 아울러 사당을 세웠을 것이다. 《여지도서》에도 "배를 타고 건너는 사람들은 반드시 큰 제사를 지내어 무사히 건너기를 빌었다."라는 내용이 있다.

▲ 손돌 묘

- 덕포진 바람소리

덕포진에 가면 손돌 묘를 만날 수 있다. 포대 따라 바람 따라 걷다보면 언덕 끝으로 묘가 보인다. 묘비에는 '舟師孫乭公之墓'라고 새겨져 있다. 호기심 많은 아이가 뭐라고 쓴 거냐고 묻는다. '주사손돌공지묘'라고 읽어준다. 여기서 끝나면 좋은데 아이가 다시 묻는다. "주사가 뭐예요?" 대략난감!

사실 주사라는 표현이 적절하지 않다. 아마도 뱃사공을 높여서 일종의 존칭으로 쓴 것 같은데 원래 주사(舟師)는 수군(水軍)을 가리키는 말이다. 민간인 뱃사공 손돌을 군인으로 표현한 셈이다. 《열양세시기》에는 손돌이 초공(梢工)이라고 나온다. 초공은 뱃사공이라는 뜻이다. 《동국세시기》는 선인(船人)으로 표기했다. 선인 역시 뱃사람 또는 뱃사공이라는 의미이다.

묘비 뒷면에는 손돌 이야기를 깔끔하게 정리해서 새겼다. 그의 충절을 기리려고 이 비를 세웠다고 적었다. 그런데 비문의 시작 부분에 손돌 사건이 1232년 고종의 강화천도 당시에 있었던 사실인 것으로 기록했다. 아쉬운 부분이다.

손돌 묘에서 보는 주변 경관이 아름답다. 새소리, 물소리, 바람 소리, 그 고즈넉한 공간. 하지만 매년 음력 10월 20일이면, 마음 깊은 사람들이 모여 생동하는 공간이 된다. 김포시가 주최하고 김포문화원이 주관하는 손돌공 진혼제가 열리는 것이다.

덕포진(德浦鎭)은 조선 후기에 세워진 해안 경계부대다. 강화의 초지진·광성보 등과 유사한 기능을 수행했다. 지금 정식 명칭은 '김포 덕포진'이다. 처음에는 강화에 있었는데 1666년(현종 7)에 김포로 옮겨 설치했다.[3] 부대가 다른 지역으로 옮겨지는 일이 드물지 않았다. 강화

---

3) 《현종실록》 7년(1666) 2월 7일.

의 초지진, 제물진, 월곶진도 안산, 인천, 화성에서 옮겨간 것이다.

1785년(정조 9)에는 덕포진이 강화도 북쪽, 지금 북한 땅 풍덕(개풍)으로 옮겨진 것 같다.[4] 그러나 오래지 않아 다시 지금 자리로 돌아온 모양이다. 1799년(정조 23)에 정조가 덕포진 책임자를 덕포첨사에서 덕포진 수군첨절제사로 바꿨다는 기록이 보인다.[5] 덕포진은 병인양요 (1866)와 신미양요(1871) 때 침략군과 치열한 포격전을 전개했던 격전의 현장이다.

그런데 지금 우리가 알고 있는 덕포진은 덕포진이 아니다. 넓게 보아 덕포진의 영역에 포함된다 해도 그 중심지는 아니다. 손돌 묘소 가면서 만나게 되는 덕포진은 원래의 덕포진과 별개로 건설한 포대이다. 이 포대는 "안항동 포대" 또는 "안행동 포대"로 불렸던 것 같다. 신미양요를 겪은 후인 1874년(고종 11) 이후에 건설된 것으로 보인다.[6] 그러면

▲ 덕포진

4) 《정조실록》 9년(1785) 7월 26일.
5) 《일성록》 정조 23년(1799) 4월 9일.
6) 《승정원일기》 고종 11년(1874) 3월 20일.

덕포진이라는 부대가 있던 곳은 어디일까? 지금 덕포진으로 알려진 곳보다 조금 북쪽이다. 부래도라는 작은 섬 뒤에 있었다.

《승정원일기》에 의하면, 경기 암행어사 강문형이 덕포진 아래 안항동(鴈行洞, 안행동으로도 읽는다)에 진 하나를 더 설치하자고 했다. 고종은 덕포진에서 안항동까지 거리가 얼마나 되느냐고 물었다. 강문형이 4, 5리쯤이라고 대답했다. 1874년(고종 11) 10월 24일이다. 한 달쯤 뒤 결론이 나왔다. 영사 이유원이 안항동에 진을 새로 설치하기에는 덕포진과 거리가 너무 가까우니 진 대신 포대를 여러 개 설치하는 것이 좋겠다고 건의한다. 고종은 그렇게 하라고 명했다. 이때가 1874년 11월 20일이다. 덕포진의 포대 설치 시기에 대해서는 이 정도로 하고 다시 병인양요로 돌아가자.

병인양요 때 프랑스군이 염하를 타고 올라와 강화읍을 점령하고 바다를 봉쇄하자 대원군이 양헌수 등을 파견한다. 양헌수는 포수를 중심으로 한 수백 명 병력을 이끌고 지금의 통진을 거쳐 덕포진에 도착했다.

양헌수 부대는 프랑스군의 해상 봉쇄를 피해 힘겹게 강화로 건너갔다. 손돌 묘쯤에서 미리 보아 둔 정족산성으로 들어갔다.

▲ 덕포진 돈대(1871년 신미양요 당시 미군 촬영)

강화읍내에 있던 프랑스군이 정족산성으로 쳐내려온다. 전투가 벌어졌고 여기서 조선군이 대승을 거둔다. 패퇴한 프랑스군이 강화에서 허겁지겁 철수하면서 병인양요가 끝난다. 정족산성으로 떠나기 전, 양헌수는 손돌의 묘에 절했다. 간절했다. 양헌수는 손돌의 음성을 들었을지도 모른다. "내가 도와드리리다."

02 고려를 넘어 조선을 살다, 박신

우리 역사에서 아주 극적인 사건 가운데 하나가 이성계가 결행한 위화도 회군(1388)입니다. 이 사건을 계기로 고려 왕조가 무너지고 조선이 등장하게 됩니다. 고려 말, 내 나라 고려를 끝까지 지켜보자고 애쓰던 사람들이 있었고, 새 나라 건설에 매진한 사람들이 있었습니다. 우리는 당시의 상징적인 인물로 정몽주와 정도전을 기억합니다.

정도전들과 정몽주들 가운데 누가 옳았다고 단정할 수 없습니다. 각자가 생각하기 나름이겠지요. 최소한 그른 사람은 없었습니다. 생각이 다른 사람들이 존재했을 뿐입니다. 당시 지배층은 고려의 길과 조선의 길 가운데 어느 길로 들어서야 할지 고뇌했을 겁니다. 소신, 인생관, 성격, 대인관계, 기타 복잡한 요인들이 두루 작용했겠지요. 여기, 고려에 태어나 조선을 산 한 남자가 있습니다. 박신(朴信, 1362~1444), 그의 삶을 따라가 보겠습니다.

- 강릉에서 꽃핀 연정

박신이 태어난 1362년은 고려 공민왕 때다. 사망한 1444년은 조선 세종 때이고. 그가 살던 시기 임금은 공민왕, 우왕, 창왕, 공양왕 그리고 조선 태조, 정종, 태종, 세종이다. 그야말로 격변의 시기이다. 고려 우왕 때인 24세에 과거에 급제했다(1385). 급제자 33명 가운데 6등 했다. 그를 뽑은 인물이 정몽주다.

"서성군 염국보가 지공거, 정당문학 정몽주가 동지공거가 되어 진사를 뽑았는데, 우홍명 등 33명에게 급제를 내려주었다."라고 《고려사》에 나온다. 우홍명 등 33명 안에 박신이 들어있다. 지공거? 동지공거? 여기에 더해서 '좌주'와 '문생'이라는 다소 낯선 용어도 살펴볼 필요가 있겠다.

지공거는 고려시대 과거를 관장하던 총책임자다. 동지공거(同知貢擧)는 지공거와 같다는 뜻인데 부책임자를 가리킨다. 사실상 이들이 과거 합격자 결정권을 갖는다. 지공거·동지공거는 정해진 벼슬이 아니다. 과거가 있을 때만 임명되는 임시직이다. 하지만 당시 고려의 관료들은 지공거를 최고 명예의 직책으로 여겼다고 한다.

지공거와 동지공거를 좌주(座主)라 하고, 그 좌주가 맡은 과거에서 급제한 이들을 문생(門生)이라고 했다. 좌주와 문생은 아버지와 아들에 비유될 만큼 결속력이 강했다. 서로서로 끌어주고 밀어주는 관계다. 과거 합격자 아무개에게 임금이 동쪽으로 가라 하고, 좌주는 서쪽으로 가라 한다면, 아무개는 보통 좌주의 말에 따라 서쪽으로 간다. 좌주문생 체제는 왕권을 제약하기도 한 것이다.

문생 박신이 좌주 정몽주의 품에 안겨 고려 조정에 나아가게 되었다. 그러나 그들의 마지막 길은 방향이 달랐다. 박신은 정몽주와 달리 조선 건국 과정에 발을 들였다. 하지만 좌주 정몽주에 대한 존경의 마음은 변하지 않았던 것 같다. 1437년(세종 19), 76세 박신은 《포은집》의 서문을 썼다. 《포은집》은 정몽주의 시와 산문을 묶은 문집이다. 박신은 서문 말미에 자신을 '문생'이라고 적었다.

박신은 여러 벼슬을 거치며 이성계의 신임을 받았다. 조선 건국 후 태조에 의해 원종공신(原從功臣)에 뽑혔고 이어서 사헌부 소속 관원이 되었다. 박신은 고려 말에 사헌부에서 일했는데 조선에서도 그랬다. 사헌부는 관리들의 비위를 찾아내고 탄핵하는 일을 주로 하는 기관이다. 오늘날의 검찰청과 감사원의 역할과 비슷한 데가 있다.

1393년(태조 2), 32세 박신은 강원도의 안렴사가 되어 강릉으로 갔다. 도지사 격의 조선시대 관직은 관찰사다. 고려시대는 안찰사, 고려 말에는 안렴사라고도 했다. 태조 당시까지는 아직 관찰사가 아니고 안렴사였다. 그런데 안찰사(안렴사)는 관찰사와 달리 도를 직접 다스리는 직책이 아니다. 몇 개월 동안 해당 도 여러 지역을 순회하며 백성의 삶을 돌아보고 지방 수령들이 제대로 근무하는지 살피는 역할을 하는 정도였다.

　　이때 박신이 강릉에서 한 여인과 깊은 연정을 나누었던 것 같다. 조선시대 여러 자료에서 박신의 사랑 이야기를 만날 수 있다. 정약용의 《목민심서》에도 나온다. 신선과 선녀가 언급될 만큼 내용이 다채롭고 신비함마저 있다. 전해지는 내용이 자료에 따라 약간씩 다르다. 그냥 압축해서 줄거리만 전하면 이러하다.

　　강릉에 유명한 기생 홍장이 있었다. 박신이 홍장에게 깊이 빠져들었

▲ 박신과 홍장 조형물[강원도 강릉시 경포호]

고 둘은 서로 아끼는 정인이 되었다. 박신이 임기를 마치고 돌아가야할 때가 됐다. 홍장과 헤어질 생각에 박신은 아렸다. 그때 강릉부사는 조운흘이다. 박신보다 나이가 서른 살 정도 위였다.

조운흘이 박신에게 충격적인 소식을 전한다. 홍장이 죽었다는 것이다. 말 그대로 청천벽력, 박신은 슬픔을 어찌하지 못했다. 조운흘은 아들뻘 박신을 위로하려고 경포대에 술자리를 마련했다. 술은 그리움을 달래주지 못했다. 오히려 더할 뿐이다.

쓴 술을 털어 넣던 박신의 슬픈 눈에 저 멀리 배 한 척이 들어왔다. 이쪽으로 오는 것 같았다. 배가 왔다. 어, 근데, 보니, 그 안에 예쁘게 단장한 홍장이 타고 있는 게 아닌가. 꿈인가보다. 아니 생시였다. 홍장이다. 홍장이 살아있다! 죽은 여인이 어찌 살아있나. 짓궂은 조운흘이 박신을 놀리려고 기획한 장난질이었다. '몰래카메라'에 완벽하게 당한 박신, 배를 잡고 웃는 조운흘이 미웠겠지만, 그보다 홍장이 살아있음에 그저 행복하였다.

- 갑곶나루를 만들다

1400년, 정종 임금 때 박신은 승지였다. 승지는 승정원 소속이다. 승정원은 지금의 대통령 비서실, 승지는 '○○수석' 정도의 위치이다. 임금과 환관에 대한 이야기를 나누게 되었다. 이때 승지 박신은 이렇게 말했다.

> 환관이 아침저녁으로 옆에서 모시면서 오로지 아첨하여 구차히 용납하기를 일삼으니, 임금이 만일 밝게 살피지 않으면, 반드시 모르는 사이에 그 술책에 빠집니다.[7]

---

[7] 《정종실록》 2년(1400) 12월 1일.

환관의 폐해를 미리 막아야 한다는 충언이다. 중국 여러 왕조의 흥망사에서 거의 모든 나라의 멸망 원인 가운데 하나가 '환관의 횡포'이다. 환관 세력이 관료 세력과 대립 갈등하면서 나라의 기강이 무너지고 때로 환관의 힘이 왕권을 능가하면서 멸망에 이르게 되었다. 반면에 조선에서 환관은 그 영향력이 매우 제한적이었다. 적절한 통제가 이루어졌다. 건국 초기, 임금에게 환관에 대한 경계를 말한 박신의 행동은 옳다.

다만, 그 역시 환관에 대한 부정적 인식이 내재했음을 알 수 있다. 이제 색안경을 벗고 환관을 볼 필요가 있다. 그들도 장애인이기에 앞서 하나의 인간이다. 자기 직책에 충실한 직업인이었다. 나쁜 짓만 하는 사람들이 아니다. 정상인으로 나쁜 짓 한 관료들이 얼마나 많았는가 말이다. 영화 '광해, 왕이 된 남자'에 나왔던 환관의 모습은 꽤 멋졌다.

환관(宦官)과 내시(內侍)는 같은 말이다. 다만, 고려시대에는 내시와 환관이 다른 뜻으로 쓰였다. 고려시대 환관은 우리가 지금 말하는 그 환관이고, 고려시대 내시는 정상인으로 임금을 가까이서 모시던 측근 그룹을 가리킨다. 대략 조선에 들어와서 환관과 내시가 같은 의미로 쓰이게 되었다.

긴 관직 생활 동안 박신은 중요한 정책 결정에 참여하고 부국, 강병, 민생을 위한 여러 가지 제언을 한다. 노비, 관직 정비, 여진 관계 등 여러 방면에서 문제점을 지적하고 대안을 제시했다. 임금의 명을 받고 명나라에 사신으로 다녀오기도 했다. 박신이 한 일 가운데 주목되는 것은 김포와 강화에 갑곶 선착장을 손수 만든 것이다.

통진현의 서쪽에 갑곶이라는 나루가 있었는데, 오가는 사람들은 반드시 물속을 수십 보 걸어가야 비로소 배에 오를 수 있고, 또 배에서 내려서도 물속을 수십 보 걸어가야 언덕에 오를 수 있었다.

그러므로 얼음이 얼고 눈이 내릴 때면 길 다니는 나그네들이 더욱 고통을 당하였는데, 박신이 공사비를 대고 고을 사람들을 이끌어 양쪽 언덕에 돌을 모아 길을 만들었더니, 길 다니는 사람들이 지금까지 그 공로를 힘입고 있다고 한다.[8]

마음이 있어야 보인다고 했다. 박신은 백성에 참 마음이 있었다. 그들 삶의 불편함을 자기 삶의 불편함으로 여길 줄 알았다. 김포에서 강화 갈 때, 돌아올 때, 가마 타거나 하인 등에 업혀 배에 오르면 된다. 버선 한 짝 젖을 일이 없다.

그렇지만, 백성의 고통을 자신의 고통으로 여겼다. 선착장 건설비용만 내도 칭송받을 일인데 손수 사람들과 함께했다. 그렇게 김포 쪽 해안과 강화 쪽 해안에 돌을 쌓아 선착장을 완성했다. 이제 백성들은 한겨울에도 발 얼지 않게, 편안하게 배에 오르고 내릴 수 있게 됐다. 말로 하는 애민(愛民)이 아니라, 행동하는 애민이었다. 오늘날 정치인들도 표보다 먼저 사람을 보았으면 좋겠다.

갑곶나루와 관련해서 검토해볼 게 있다. 수백 년 세월, 김포와 강화를 잇던 갑곶나루는 이제 사용하지 않지만, 역사로 여전히 살아 있다. 그 가치를 인정해 문화재로 지정했다. 그런데 문제가 좀 있어 보인다.

김포시 월곶면 성동리 갑곶나루는 경기도 지정문화재 지방기념물 제108호이다. 공식 명칭은 '갑곶나루 선착장 석축로'. 강화군 강화읍 갑곶리 갑곶나루 역시 공식 명칭이 '갑곶나루 선착장 석축로'로 김포와 같다. 인천시 지정문화재 기념물 제25호다(지금 공식적인 행정구역 명칭이 강화읍 '갑곳리'입니다. 애초에 잘못 정한 겁니다. 갑곶리(甲串里)로 해야 했습니다).

강화에 있는 것도 갑곶나루, 김포에 있는 것도 갑곶나루? 좀 이상하

---

8) 《세종실록》 26년(1444) 윤7월 12일.

다. 김포의 갑곶나루는 다른 이름이 있었을 것이다. 그런데 어인 일인지 김포의 나루도 갑곶나루로 기록되었다. 강화 갑곶으로 가는 나루라는 의미로 쓰이게 된 것이 아닐까 싶기도 하다. 김포의 지역신문에서 오래전에 이 문제를 지적하고, '성동리 나루터'나 '박신의 나루터'로 이름을 바꿔야 하지 않느냐고 제안한 적이 있다.[9]

김포의 갑곶나루는 군 철책선 밖이다. 일반인 출입금지, 접근이 아예 통제된다. 안내판은 버젓이 서있는데 앞뒤 꽉꽉 막혀 어디가 나루인지 알 수 없다. 용케 철책에 밀착해서 나루를 바라보지만, 그게 박신이 쌓은 나루인지 알 수 없다. 학생들이 내 고장 문화재 조사한다고 여기에 올까봐 걱정이다.

강화의 갑곶나루는 아예 없다고 보아야 한다. 바닷물에 쓸려 무너지고 갯벌에 묻히며 사라져갔다. 그 흔적을 찾아보기도 쉽지 않다. 역시 군 철책선 밖에 있어서 가까이 가 볼 수도 없다. 문화재 지정, 문화재 유지, 적절한 것인지 생각해볼 필요가 있다.

- 하성에 살다

태종은 박신을 아끼고 신임했다. 1401년(태종 1)에 우대언(우승지)에 임명했다가 다음 해에 사헌부 수장인 대사헌으로 삼았다(1402). 이때 박신 나이 41세였다. 이후 판광주목사, 개성유수로 보냈다가 1405년(태종 5)에는 다시 사헌부 대사헌을 맡겼다. 판광주목사(判廣州牧使)는 그냥 광주목사와 같은 의미로 보면 된다. 종2품관이 정3품인 목사로 임명될 때 앞에 '판(判)'을 붙여 구별했다고 한다.

이후 공조판서(1407), 평양부윤(1408), 호조판서(1412)에 임명했다. 1415년(태종 15)에는 박신을 병조판서로 삼았는데, 이때 황희를 이조판

---

9) 김진수, '갑곶나루는 김포에 없다', 김포미래신문, 2008.05.07.

서, 심온을 호조판서 임명했다. 황희와 심온은 박신의 정치적 동지로 활동했다. 한편 태종은 1416년(태종 16)에 박신을 이조판서 자리에 앉혔다.

태종은 세종에게 왕위를 물려준 이후에 박신의 둘째 아들 박종우를 사위로 삼기도 했다. 박신이 태종의 사돈이 된 것이다. 태종이 박신을 아낀 이유는 그의 충직함과 능력을 높이 샀기 때문일 것이다. 그렇다고 박신이 '예스맨'은 아니었다. 태종의 생각이나 계획이 잘못됐다고 여기면 바로 잘못이라고 지적했다. 그러면 태종은 박신의 지적을 수용했다.

박신의 관직 생활이 순탄했던 것만은 아니다. 이런저런 일로 신하들에게서 탄핵을 받았다. 태종은 그를 감쌌지만, 그래도 벼슬에서 내려오거나, 지방 관직으로 나아가거나 잠시지만 아주(牙州, 충남 아산)로 귀양도 갔었다. 유배 기간은 1405(태종 5) 11월부터 1406년(태종 6) 2월까지, 약 3개월이었다.

박신이 무슨 큰 잘못을 해서 처벌 요구를 받았던 것 같지는 않다. 사헌부 활동을 통해 어쩔 수 없이 적을 만들었을 가능성을 생각해 볼

▲ 박신 묘

수 있다. 정치 세력 간에 견제 대상이 되었을 수도 있고, 또 태종에 대한 견제 수단으로 그의 측근인 박신을 신하들이 공격했을 수도 있겠다.

사간원이 제기한 어느 지방관의 잘못에 대해 사헌부가 적극적으로 동조하지 않자 사간원에서 사헌부 대사헌 박신을 처벌하라고 요구한 일도 있었다. 박신이 세자에게 활과 화살을 주었다는 이유로 탄핵받은 적도 있다. 세자의 공부를 방해했다는 이유다.

탄핵 사유가 생각보다 소소하기는 하지만, 박신의 잘못으로 인정해야 할 사건들도 있다. 1411년(태종 11) 당진 지방관의 무능력이 문제가 됐다. 글도 제대로 몰랐다. "벽(闢)을 벽(碧)으로 쓰고, 증(增)을 증(憎)으로 쓰고, 간(簡)을 간(諫)으로" 썼다.

백성이 글 모르는 건 부끄러운 게 아니고 죄도 아니지만, 한 고을을 다스리는 수령이 글을 모르는 것은 문제가 될 수 있다. 통치는 마음만으로 하는 것이 아니다. 그 많은 한자를 어찌 다 정확하게 쓰나, 틀릴 수도 있는 것 아닌가.

당진 지방관이 쓴 글은 수령칠사(守令七事)였다. 지방 수령이 고을을 다스리는데 지키고 행해야 할 일곱 가지 일이다. 수령이라면 언제나 당연히 외우고 있어야 할 중요한 내용이었다. 이 사람을 당진 수령으로 추천한 사람이 박신이었다. 사람 추천은, 특히 지방관 추천은 신중해야 한다. 공정해야 한다.

농사철인데 가뭄이 극심했다. 태종은 시름이 깊었다. 밥까지 줄여야 한다는 논의가 조정에서 오갔다. "모두가 근신해야 할 때, 임금이 가뭄을 근심하여 흐느껴 울던 날, 박신도 눈물을 흘렸지만, 궁궐 밖으로 나와서는 술을 마시며 즐겼"[10]다고 한다. 기생을 부르고 풍악도 울렸던 모양이다.

---

10) 《태종실록》 17년(1417) 윤5월 5일.

세종 때도 비슷한 일이 있었다. 장마가 너무 심해 수확 앞둔 곡식이 썩어나가던 때였다. 음주 금지령이 내려졌다. 그때 지방관으로 부임하는 누군가의 전별연이 열렸다. 참석자들이 술을 마셨다. 박신도 그 자리에 참석해 함께 했다. 지금, 가뭄이 극심할 때, 또는 큰 사고가 터졌을 때 해당 지역 도지사나 시장이 골프장에서 놀고 있다면, 사람들 기분이 어떨까. 박신의 처신이 바르지 못했다.

한편, 태종은 아주에 유배 중이던 박신을 불러 올려 동북면 도순문사로 삼았다(1406). 부임한 박신은 국경 안정을 꾀하고 백성의 굶주림을 해결하려고 노력했다.

경성·경원 지방에 야인의 출입을 금하지 아니하면 혹은 떼 지어 몰려들 우려가 있고, 일절 끊고 금하면 야인이 소금과 쇠를 얻지 못하여서 혹은 변경에 불화가 생길까 합니다. 원하건대, 두 고을에 무역소를 설치하여 저들로 하여금 와서 우리와 교역하게 하소서.11)

동북면 도순문사 박신이 여진에 대한 회유책으로 무역소를 설치하자고 했다. 태종이 이에 따랐다. 그래서 경성과 경원에 무역소가 설치됐다. 여진은 모피와 가축을 가지고 와서 소금과 쇠 등으로 바꾸어 갔다.

1418년(태종 18년), 태종 재위 마지막 해, 태종은 박신을 의정부 찬성에 임명한다. 세종이 즉위했다. 세종은 박신과 심온을 명나라에 사신으로 보냈다. 새 왕의 즉위를 알리는 중요한 임무를 맡고 갔다.

1418년 9월에 가서 12월에 돌아왔다. 다음해 3월, 세종은 박신을 이조판서에 임명했다. 그러나 판서 노릇 제대로 할 시간이 없었다. 4월에 옥에 갇혔다가 귀양 가는 처지가 됐다. 몇 가지 죄가 얽혔다.

---

11) 《태종실록》 6년(1406) 5월 10일.

명나라에 사신 갔다가 오는 길, 동행했던 심온이 체포되어 의금부로 끌려갔다. 심온은 세종의 장인이다. 이 과정에서 기밀을 누설한 이가 있었는데, 박신이 이를 보고하지 않았다는 죄였다. 이를테면 불고지죄. 또 아무개가 아무개를 비난했는데, 박신이 사실 확인 없이 임금에게 그대로 전한 죄도 추가됐다. 일종의 무고죄가 됐다. 박신이 선공감제조를 겸하고 있을 때 아랫사람이 저지른 불법 행위에 연관됐다는 혐의도 받았다. 그래서 유배형에 처해졌다. 선공감은 나라의 건물을 짓고 수리하고 땔감 등 물품을 조달하는 일도 했던 관청이다.

이번 귀양 기간은 꽤 길었다. 그러나 귀양 장소는 서울에서 가까운 곳이었다. 김포 통진! 왜 통진일까? 상왕 즉 태종의 배려였다. "특히 너그러이 하여 그가 살던 시골 통진에 두게[置于家鄉通津]"[12] 했다. 통진에 박신의 집이 있던 것이다.

여기서 말하는 통진은 지금의 김포시 하성면 지역이다. 왜 그런가. 당시의 통진은 지금과 달랐다. 조선시대 김포는 김포와 통진 이렇게 둘로 나뉘어 있었다. 지금 김포시 동쪽 절반 정도가 조선시대 김포였다. 지금 김포시 서쪽 절반 정도가 통진이었다. 양촌읍·하성면·월곶면·대곶면 대부분이 조선시대 통진에 속했다.

박신이 유배형을 받은 때가 1419년(세종 1)이다. 유배가 풀린 것은 1432년(세종 14)이다. 반대하는 이들이 있었지만, 세종은 "다 자기의 일이 아니니 그 죄는 본래 작은 것이었다."라며 박신의 유배를 풀어주었다. 그리고 얼마 후에 박신에게 땅 65결을 내려주고 길이 자손에게 전하게 하였다. 북경에 사신으로 다녀온 공으로 땅을 줘야 했으나 귀양가는 바람에 주지 못했던 것을 이제 준 것이라고 했다.

58세부터 71세까지 14년간 김포에서 귀양살이 한 박신, 자유의 몸이

---

12) 《세종실록》 1년(1419) 5월 9일.

되고 십여 년 후인 1444년(세종 26)에 세상을 떠났다. 83세였다. 김포 하성에 묻혔다.

박신이 전라도 운봉현 출신이라고 한다. 고려에서 벼슬할 땐 개성에 살았고, 조선에서 벼슬할 때는 서울에 살았다. 그렇지만 김포에 연고가 있었다. 부모님이 살았다. 박신은 어린 시절 김포에서 자란 것 같다. 귀양 전에도 수시로 김포 집에 오갔다.

박신이 태종에게 한 말 가운데 "신(臣)이 전일에 동성(童城)에 성묘하였는데"[13]라는 내용이 실록에 보인다. 조상 묘가 있는 거다. 유배가 풀린 후 세종에게 올린 상소문에도 멀리 귀양 보내지 않고 "동성에 안치하기를 명하였사오니, 동성은 신의 부모가 일찍이 살던 땅이므로, 신이 여기에서 살기를 진실로 원하던 바입니다."[14]라며 고마움을 표하고 있다. 통진현에 속한 동성은 지금의 하성면 지역이다.

박신의 아버지는 박지의, 어머니는 주씨이다. 박신의 자는 경부(敬夫)이고, 호는 설봉(雪峰)을 썼다. 나라에서 내린 시호는 혜숙(惠肅)이다. 너그럽고 관대하며 자애롭고 어진 것을 혜(惠)라고 하며, 마음을 한결같이 굳게 가지고 결단성이 있는 것을 숙(肅)이라고 한다. 박신의 성품이 이러했기에 시호를 혜숙으로 정한 것이다.

여기쯤에서 박신이 갑곶나루 석축로를 건설한 시기를 검토해 볼 필요가 있다. 흔히 유배 기간에 쌓았다고 말해진다. 무려 14년간 쌓은 것이라고도 한다. 그런데 근거가 찾아지지 않는다. 아마도 그가 하성에 머문 게 확실하게 드러나는 시기가 유배 기간이고, 유배 기간이 14년간 이었기에 거기에 맞추어 말해진 것 같다.

박신이 석축로를 쌓은 시기가 유배 기간일 수도 있고 아닐 수도 있다. 유배 생활 할 때 말고도 하성에 살곤 했으니 언제든 가능했을 것이

---

13) 《태종실록》 16년(1416) 5월 7일.
14) 《세종실록》 15년(1433) 1월 21일.

다. 공사 기간이 14년이라는 이야기도 무리가 있어 보인다. 석축로 건설이 쉬운 일은 아니지만, 14년씩이나 걸릴 일도 아닐 것이다.

- 그대 진정 사람이 그리웁거든

상전벽해가 참 쉬운 세상, 김포 땅도 예외가 아니다. 교과서에 오랜 세월 실리던, 그 유명한 김포평야는 이제 추억으로 묻혀간다. 벼 살던 그 터에 사람들이 산다. 높다랗게 집 짓고.

> 그대 진정 사람이 그리웁거든
> 어둠 속 벌판을 달리는
> 김포행 막차의 운전수 양반
> 흔들리는 뒷모습을 생각하라고.[15]

15) 박철, '김포행 막차', 《김포행 막차》, 창작과비평사, 1990.

시인은 권했지만, 어둠 속 벌판은 이제 거의 없다. 그래도 여기 박신 묘 주변, 하성 땅은 여전히 흙냄새가 난다. 어두워야 할 시간에 어두워지는 논밭이 있다. 사람 먹여 살리려고 이런저런 곡물이 잘도 자란다. 구불구불 돌고 돌아 다시 여기에 왔다. 하성면 가금리이다.

박신 묘 봉분은 색다르다. 일반적인 원형이 아니라 사각형 구조다. 앞면 길이가 8m 조금 넘는다. 옆면도 비슷하다. 큼지막한 호석(護石)도 특이하다. 봉분 앞 좌우 석인상은 옷 삼아 세월을 입어 고풍스럽다.

박신 묘 바로 뒤로 두 기의 묘가 더 있는데, 박신의 부인 두 분을 각각 모신 것이라고 한다. 흔히 보기 어려운 구조다.

중앙에 세운 두 개의 희끔한 장명등은 담백한 맛을 느끼게 한다. 장명등은 묘역이 환하게 불 밝히는 석등이다. 실제로 불을 밝히기도 했지만, 대개 묻힌 이의 신분적 권위를 드러내는, 상징적인 조형물로 세워졌다. 왕릉과 최고위 관료 무덤에만 세우는 게 원칙이었다. 박신 묘의 장명등은 최근에 다시 설치한 것이다. 원래 있던 건 누군가 훔쳐 갔다고 한다. 도둑질은 다 나쁘지만, 도굴은 더 나쁘다. 죽은 이의 안식마저 파괴하고 말았으니.

향나무, 향나무가 이렇게 클 수도 있구나. 묘 앞에서 수백 년, 박신의 벗으로 사는 향나무가 있다. 전하기를 박신이 젊은 시절에 이 나무를 심고 열심히 공부해서 과거에 급제했다고 한다. 그래서 언제부턴가 '학목(學木)'으로 불리게 되었다. 여기서 하면 공부가 아주 잘 된다는 믿음이 덧붙여졌다.

박신과 홍장의 사랑 이야기는 그때 꽤 유명했나 봅니다. 조선시대에 이 남녀의 이야기를 소재로 한 소설까지 나왔다고 합니다.《신증동국여지승람》에는 "박혜숙(朴惠肅)·조석간(趙石磵)의 경포대 놀이는 지금까지 좋은 이야깃거리"라고 쓰여 있습니다. 혜숙은 박신의 시호, 석간은 조운흘의 호입니다.

지금 강원도 강릉시는 박신과 홍장을 관광 자원으로 활용하고 있습니다. 경포호 길가에 조각상을 세운 겁니다. 실제 사람 크기로 두 사람의 다정한 모습을 만들어 세웠고 그 옆에 사랑이 시작되고 완성되는 단계별로 에피소드를 표현한 11개의 작은 조각상을 배치했습니다. 재미있는 설명 글과 함께요. 조각은 뜻밖에 생동감이 넘칩니다. 특히 박신의 표정이 살아있어서 보는 이들을 미소 짓게 합니다.

여기 네 장의 사진이 있습니다. 조각상의 박신 얼굴을 클로즈업한 것입니다. 표정을 보면서 각각 어떤 상황의 모습일지 알아 맞춰보세요. 홍장을 처음 보고 너무 예뻐서 놀라는 얼굴, 홍장을 '꼬실' 때의 표정, 홍장이 죽었다는 소리에 절망하는 박신, 살아있음을 알고 환호하는 장면입니다. 아, 홍장 사진도 한 장 추가해서 다섯 장입니다.

사진 찍고 돌아오는 길, 문득 궁금해졌습니다. 하늘에서 이 조각상들을 내려다보며 박신은 어떤 생각을 했을까. 기분이 어땠을까.

▲ 홍장

03 글로 나라를 짓다, 양성지

    초등학교 때 가끔 학교 밖 큰길로 동원될 때가 있었습니다. 영문도 모르고 큰길로 나간 우리는 길옆 들판에서 메뚜기를 잡으며 시간을 죽였습니다. 그러다가 선생님이 모여라, 하시면 길 양쪽에 쭉 늘어섭니다. 그렇게 한참 서 있다 보면 자동차가 지나갑니다. 우리는 시키는 대로 박수! 손뼉을 칩니다. 차 안 높은 사람이(누군지도 모른다) 손을 흔들어줍니다. 그렇게 높은 사람을 환영해주고 우리는 타박타박 학교로 돌아옵니다. 싫었나? 아니요, 좋았습니다. 그때는 수업 안 하고 밖으로 나가는 자체가 좋았습니다. 하지만, 지금 생각해보면, 어린아이들 데리고 할 짓이 아니었지요.

    조선시대에도 비슷한 일이 있었네요. 그 사나운 세조에게 어떤 신하가 이렇게 말합니다. "임금님의 궁궐 밖 행차 때 성균관과 사부학당의 학생들이 나와 줄지어 섭니다. 선생은 가르치고 학생은 배우는 게 당연한데 이렇게 공부를 폐하고 나와 서게 하는 것은 바람직하지 않습니다. 청컨대 이를 폐지하소서."[16] 이 말을 들은 세조는 앞으로는 학생들이 나와 서 있게 하지 말라고 명합니다. 신하의 건의를 그대로 수용한 것입니다. 이 신하의 이름은 양성지! 이제 그를 만나봅니다.

---

16) 《세조실록》 3년(1457) 10월 22일.

- 왜 호가 눌재일까

양성지(梁誠之, 1415~1482)는 태종 때 태어나서 세종 때 관직에 나아가 문종, 단종, 세조, 예종, 성종의 조정에서 여러 벼슬을 했다. 성종 13년(1482), 68세에 사망해 김포에 묻혔다. 자는 순부(純夫), 호는 눌재(訥齋), 시호는 문양(文襄)이다.

27세 때인 1441년(세종 23), 식년시 문과에 33명 중 3등으로 급제하면서 다양한 능력을 발휘하게 된다. 식년시? 그냥 정기적인 과거를 식년시라고 한다. 연대를 표기할 때 간지라는 걸 쓴다. '자축인묘진사오미신유술해', 여기서 '자·묘·오·유'가 들어간 해를 식년(式年)이라고 한다.

식년마다 과거를 시행한다. 그래서 정기적으로 열리는 과거를 식년시라고 한다. 정기적인 과거는 식년마다, 그러니까 3년에 한 번 시행되는 것이다. 그럼 낙방한 사람은 3년을 기다려야 하나? 그렇지 않다. 정기적인 과거 외에 비정기적으로 시행하는 과거가 여럿이다.

증광시와 알성시가 대표적인 비정기 과거다. 증광시는 새 임금의 즉위 등 나라에 큰 경사가 있을 때 이를 기념하려고 시행하는 과거이고 알성시는 임금이 성균관 문묘에 가서 작헌례(酌獻禮)를 올린 후 시행하는 과거다. 뒤에 소개할 인물, 장만이 급제한 별시(別試)도 필요에 따라 그때그때 시행하던 비정기 과거이고, 윤계가 급제한 강화정시(江華庭試)는 특정 지역에서 시행한 비정기 과거의 하나이다.

조선시대에 과거 문과가 총 800여 회 시행되어 15,000여 명의 급제자를 배출했다고 한다.[17] 그러니까 평균 1년에 1회 이상 과거 마당이 열렸던 것이다. 참고로 양성지외에 심연원과 조헌이 식년시 급제자이

---

17) 손혜리, 〈과거를 통해 본 조선후기 서얼가의 學知생성과 家學의 성립〉,《대동한문학》, 2013, 179쪽.

고 이목은 증광시 급제자이다.

양성지는 세조 때 이조판서, 대사헌을 지내고 예종과 성종 때에 공조판서 등을 맡기도 했으나, 그가 오래도록 근무하며 애정을 쏟은 곳은 집현전, 홍문관 등 학문 기관이었다. 실록을 편찬하는 춘추관에서도 겸직으로 30여 년을 일했다.[18]

실무 행정가라기보다는 주로 학자적 관료의 길을 걸었다.《동문선》,《고려사》,《고려사절요》,《동국통감》,《문종실록》,《예종실록》 등의 편찬에 참여했다. 의학백과사전인《의방유취》편찬에도 기여할 만큼 다방면에 해박했다. 특히 역사에 대한 관심이 지대하였다. 신도비문에 의하면, 중국과 우리나라 수천 년의 역사와 인물을 어제 일처럼 명료하게 알고 있었다고 한다.

지리와 지도 전문가로도 인정받았는데《고려사》의 지리지를 썼으며,〈동국지도〉와《팔도지리지》를 제작했다. 그가 주도한《동국여지승람》은《팔도지리지》를 기초로 편찬한 것이라고 한다. 양성지가 지리 분야에 관심을 둔 것은 국방 대책을 마련하는 과정에서 비롯되었다.

서거정은 양성지를 이렇게 평했다. "공은 천성이 독서를 좋아하여 여러 역사를 꿰고 있었으며 천하의 산천 지리를 훤히 알고 있었다. 질문을 하여 메아리처럼 신속한 대답을 듣다 보면, 실로 발로 직접 밟고 눈으로 직접 보는 것 같았다."[19]

책 편찬 작업에 매달리면서도 수시로 상소문을 올려 각종 정책을 제시하고 개혁을 요구했다. 글을 참 많이 썼다. 그냥 말로 해도 될 것까지 글로 올렸다. 왜 그랬을까. 성종이 어느 날 성균관에 가서 예를 올리고 명륜당에서 신하들에게 각종 의견을 말하게 했다. 신하들은 자신들의 생각을 얘기했다. 양성지의 차례가 되었다. 양성지는 소매

---

18) 한영우,《조선 수성기 제갈량 양성지》, 지식산업사, 2008, 176~177쪽.
19) 서거정,《사가집》.

안에서 미리 적어온 글을 꺼내 올리며 임금에게 말했다. "신은 말을 더듬어서 말은 못 하고 글로 대답하기를 청합니다[臣口訥不能言, 請以 疏對]"20)

그가 호를 눌재(訥齋)라 한 것도 자신의 말이 어눌해서 해학적으로 그렇게 정한 것이라고 한다. 눌(訥)은 '말더듬을 눌'자다. 그래도 의사소통에는 문제가 없었을 것이다. 실수 없이 좀 더 논리적으로 자신의 구상을 밝힐 목적으로 말보다 글을 애용했을 것 같다.

그런데 '눌'은 보통 '어눌하다'라는 표현으로 쓰인다. 공자는 어눌한 행동을 하는 것이 오히려 인(仁)에 가깝다고 했다. '눌'을 나쁘게 보지 않고 외려 칭송한 것이다. 양성지가 눌재를 호로 정하는데 공자의 말씀도 영향을 끼치지 않았을까 싶다.

50여 회에 이르는 양성지의 상소는 추상적인 내용이 아니다. 구체적이고 세밀하다. 어느 한 분야에 치우치지 않았다. 다음 표21)는 양성지가 모시던 임금에게 상소로 건의했던 내용을 주제별로 분류한 것이다. 나라 운영 전반에 걸친 광범위한 관심을 알 수 있다.

국방	국정	왕도	외교	문화	학문	경제
32%	17%	13%	4%	15%	7%	12%

양성지는 상소를 통해 나라의 기틀을 바로 세우고, 국방력을 강화하며, 백성의 삶을 안정시키는 방안을 제시했다. 민족의 자존감과 우리 역사의 소중함을 강조하는 모습도 인상적이다. 바로 시행된 것도 있고 묻힌 것도 있다. 특이한 것은 당시에는 묻혔다가 뒷날 빛을 보는 제안들

---

20) 《성종실록》 9년(1478) 4월 3일.
21) 김석규, 〈눌재 양성지의 관방론 연구〉, 《군사연구》제134집, 2012, 80쪽.

이 여럿 있다는 것이다. 이제 몇 가지 상소의 내용을 살펴보자.

강원도 땅에 임금의 사냥터를 확대하면서 문제가 생겼다. 사냥터 지역에 사는 주민들은 짐승을 잡을 수 없게 돼 있다. 사냥감이 넉넉해야 하니까. 그러다 보니 피해가 이만저만 아니었다. 산짐승이 농작물을 먹어치우니 정작 사람이 굶주린다. 새벽, 한 남자가 들판에서 통곡한다. 순회 중이던 강원감사가 왜 우느냐고 물었다.

남자가 대답했다. 수확 앞둔 곡식을 노루와 사슴이 남김없이 먹어치웠다고. 이제 처자식을 어찌하냐고. 가장의 뜨거운 눈물에 감사도 할 말을 잃었다. 그래도 세금은 꼬박꼬박 나온다. 견디다 못한 주민들이 마을을 버리고 떠나간다. 그랬더니 이게 웬일. 떠난 이들의 세금까지 남아 있는 이들에게 물리는 거다. 마을은 점점 비어간다. 양성지는 이런 현실을 왕에게 자세히 고하며 이 지역 백성의 세금 부담을 없애주고, 살 도리를 열어달라고 호소한다. 임금은 그렇게 하마, 약속한다.[22]

▲ 대포서원

22) 《문종실록》 1년(1451) 11월 25일.

의사를 양성해서 지방으로 파견하자고 했다. 한양엔 의사가 많아도 시골 마을에는 의사가 없어 백성들이 질병의 고통에서 벗어나지 못함을 안타까워하면서 올린 상소다. 양성지는 백성들이 좀 더 사람답게 살 방법을 늘 고민했다. 그리고 수시로 상소를 올려 시정을 요구했다. 그가 줄기차게 주장했던 것 가운데 하나가 방납 개혁이다. 조선시대 백성이 부담해야 할 세금 중에 공납이라는 게 있다. 각 지방의 특산품을 내는 것이다. 농수산물일 수도 있고 수공업품일 수도 있다. 공납이 백성을 아주 질리게 했다.

우리 마을에 할당된 공납 물품이 파인애플이라고 치자. 그걸 모아 주민들이 서울까지 운반한다. 품질검사를 통과해야 납부가 끝난다. 담당 관리가 맛이 시다며 불합격 판정을 내리면 도로 갖고 내려와 다른 파인애플을 가져가야 한다. 그게 힘들면 공물 받는 관리에게 뇌물을 두둑하게 찔러줘야 한다.

방납이라는 게 생겨났다. 누군가 세력가가 한 마을의 공납을 대신 내주고 나중에 그 대가를 받아가는 제도다. 백성들이 한결 편해진 것 같으나 사실 이게 더 고통이다. 값을 너무 많이 받아가는 것이다. 파인애플 하나당 1만 원이면 충분한데 방납가는 3만 원, 5만 원 하는 식이다. 이런 방납의 폐해가 이미 양성지 시대에 나타났다. 양성지는 이를 비판하며 방납의 폐지를 거듭 외쳤다. 그러나 고쳐지지 않았다. 조선후기에 가서야 해결되는데, 그게 바로 대동법이다. 대동법은 특산품 대신 쌀로 세금을 내게 한 제도이다.

양성지는 북방 여진족 등의 침략에 대비한 국방 체제 강화에도 깊은 관심을 보였다. 강병 육성과 무기 개량 등 다양한 방책을 내놓았다. 문무(文武)를 차별하지 말아야 함도 강조했다. 지역별 요충지를 중심으로 방어 체제를 강화하자고 주장했는데, 이러한 양성지의 대책이 이후 진관체제로 확립하게 된다.

- 우리 것이 소중하다

명나라가 사대의 대상임은 틀림없다. 그런데 양성지는 명나라 사신에 대한 접대가 점점 지나치다고 비판했다. 그들에게 주는 선물이 너무 많으니 줄이자고 했다.[23) 민족의 시조로서 단군을 강조하고 나섰다. 민족의 자존감과 우리 역사에 대한 자부심이 배여 있다.

"우리 동방 사람들이 다만 중국의 부성(富盛)함만을 알고 동방의 일들을 상고할 줄 모르는 것은 몹시 불가한 일"[24)이라고 지적하고 우리 풍토와 기후가 중국과 다르니 예법과 풍속은 우리 것을 지켜야 한다고 했다. 뿌리를 강조하면서 역대 왕조의 왕릉을 잘 보호하고 관리해야 한다고 했다. 개성·강화·경주 등지의 왕릉을 관리할 구체적인 방안까지 제시했다. 강화는 고려 대몽항쟁기 도읍지였다. 고종 왕릉 홍릉을 비롯한 여러 기의 고려 왕릉이 있다.

▲ 양성지 신도비

23) 한영우, 《조선 수성기 제갈량 양성지》, 지식산업사, 2008, 142쪽.
24) 《세조실록》 1년(1455) 7월 5일.

조선만의 독자적인 연호를 제정하자는 주장[25]도 독특하다. 지금 우리는 서기[西曆紀元]로 연대를 표기한다. 옛날 동양은 연호를 썼다. 원칙적으로 중국 황제만 연호를 정할 수 있다. 중국 임금이 즉위해서 연호를 '김밥'으로 결정했다면 즉위 첫해는 김밥 1년, 그다음 해는 김밥 2년, 이런 식으로 기록했다. 그 임금이 죽고 아들이 새 임금이 되면 연호를 새로 정한다. 그래서 즉위 첫해는 초밥 1년, 그다음 해는 초밥 2년식으로 이어간다.

중국 주변 나라들은 중국의 연호를 받아 그대로 쓴다. 중국이 김밥 5년이면 우리나라도 김밥 5년이다. 그런데 우리나라에서도 독자적인 연호를 사용하곤 했다. 법흥왕을 비롯한 신라의 몇몇 왕과 고구려 광개토왕 그리고 고려의 광종 등이 그랬다. 독자적 연호 사용은 민족 자존감의 표출로 평가되기도 한다.

조선시대에는 명나라 연호를 따라 썼다. 별도의 연호를 제정하는 것은 분수에 맞지 않는 짓이라고 인식했다. 그런데 양성지가 우리도 고유한 연호를 만들자고 주장했던 것이다. 맹목적인 사대에 물들지 않고 우리의 빛깔을 간직했던 인물, 양성지이다.

조선시대 나라에서 운영한 교육기관으로 서울에 성균관과 사부학당(四部學堂), 지방에 향교가 있다. 김포에는 김포향교와 통진향교가 있다. 성균관과 향교는 학교이면서 일종의 사당이기도 하다. 공자를 중심으로 맹자를 비롯한 여러 명의 중국 학자를 모신다. 물론 우리나라 학자도 모신다.

양성지 당시에는 우리 학자로 설총·최치원·안향만 모셨던 모양이다. 양성지는 말했다. "동방의 선비는 모두 중국 사람만 같지 못하겠습니까?"[26] 그러면서 쌍기, 최충, 이제현, 정몽주, 권근을 함께 모시자고

---

25) 《세조실록》 30권, 9년(1463) 5월 30일.
26) 《세조실록》 2년(1456) 3월 28일.

했다. 현재 성균관과 전국 향교에는 우리 학자 18현도 모셔져 있다. 설총, 최치원, 안향, 정몽주, 김굉필, 정여창, 조광조, 이언적, 이황, 김인후, 이이, 성혼, 김장생, 조헌, 김집, 송시열, 송준길, 박세채이다.

양성지는 역사, 특히 우리역사에 대한 애정도 드러냈다. 유교 경전으로만 과거 시험을 보게 하지 말고, 《사기》등 중국의 역사서와 《삼국사기》등 우리 역사책도 시험 과목에 넣자고 했다. 성균관 학생들에게 《삼국사기》·《동국사략》·《고려전사》를 가르치자고도 했다. 과거 시험 과목에 역사가 추가되지는 않았다. 그러나 세조는 성균관 학생들에게 역사를 가르치게 했다.[27]

역사는 쓰는 것도 중요하지만, 보관하는 것도 중요하다. 한곳에 보관했다가 불이라도 나면 큰일이다. 그래서 조선 왕조는 서울 춘추관 외에 지방 도시인 충주, 성주, 전주에 사고(史庫)를 마련하고 실록 등을 보관했다. 임진왜란 때 일본군이 사고를 불 질렀다. 귀한 책들이 재가 됐다. 그나마 전주사고의 실록만 겨우 살아남았다. 역사를 통째로 잃을 뻔했다.

전쟁 피해를 겪은 조선은 사고를 다시 지었다. 이번에는 깊은 산에 지었다. 전쟁이 나도 외적의 침탈을 받지 않을만한 곳이다. 그렇게 조선후기에는 서울의 춘추관·정족산·태백산·적상산(묘향산에서 옮겨옴)·오대산, 5대사고 체제가 마련됐다.

강화의 정족산 사고에는 전주사고본을 보관했고 나머지 사고들에는 다시 인쇄한 실록 등을 보관했다. 엄청난 공력이 들었다. 진작 산에다 보관했으면 좋았을 것. 양성지 이야기 중에 사고를 말한 이유가 있다. 조선 전기 그때 양성지가 이렇게 주장했다.

---

27) 《세조실록》 10년(1464) 6월 29일.

외방의 3사고는 서적을 간직하는 곳인데 모두 관사에 붙어 있어서 엄밀하지 못하니, 다만 화재가 염려될 뿐 아니라 또 뒷날 외적의 염려도 있습니다. 빌건대 관원을 보내어 자세히 살피게 하고 마을과 서로 떨어진 곳을 가려서 이를 옮기도록 하소서. 혹은 전주의 사고를 남원의 지리산에 옮기고 성주의 사고를 선산의 금오산에 옮기며 충주의 사고를 청풍의 월악산에 옮기게 하되, 모두 사찰에 의하게 하며 이에 농토를 주고 또 가까운 마을의 민호(民戶)로 하여금 이를 지키게 한다면, 이는 진실로 명산에 수장하는 뜻이 될 것입니다.[28]

혜안이다. 양성지의 주장을 따라 그때 사고를 산속에 두었다면, 임진왜란 때 왜군의 만행을 피할 수 있었을 것이다. 조선후기 5대 사고에 보관되던 실록은 지금 어떤 상태인가. 오대산사고에 있던 실록은 일제강점기에 일본인들이 탈취해갔는데 관동대지진 때 대부분 불타고 말았다. 적상산 사고 실록은 6.25 전쟁 때 북한군이 가져갔다. 춘추관 사고 실록은 조선 말기에 이미 불타 사라졌다. 현재 남한에 남은 것은 정족산 사고와 태백산 사고에 있던 실록뿐이다.

임금이 또 양성지에게 이르기를, "사람들이 모두 경(양성지)이 우활(迂闊)하다고 한다. 그러나 사람들이 서로 사랑하는 것이 4가지 있으니, 혹은 재주를 사랑하거나, 혹은 색(色)을 사랑하거나, 혹은 마음을 사랑하거나, 혹은 재물을 사랑하는 것인데, 경과 나는 마음으로 서로 사랑할 뿐이다."[29]

세조가 신하들 여럿 있는 자리에서 양성지에게 한 말이다. 양성지를

28) 《세조실록》 12년(1466) 11월 17일.
29) 《세조실록》 10년(1464) 7월 27일.

얼마나 아끼는지 그대로 드러나는 표현이다. 하긴, 세조는 양성지를 가리켜 "나의 제갈량"이라고도 했다. 관료로서 양성지의 전성시대가 이때였다.

세조는 양성지의 갖은 제안을 경청하고 될 수 있는 대로 수용하려고 애썼다. 부국안민에 뜻을 같이했다. 세조 때 처음으로 홍문관을 설치했는데, 이것도 양성지의 건의에 따른 것이다. 그런데 앞에 소개한 실록 기록에 양성지가 우활하다는 내용이 있다. '우활'은 '오활'로도 읽는다.

낯선 단어 '우활'을 사전에서 찾아보니 '현실의 경우와는 관련이 멀다, 사리에 어둡고 세상 물정을 모르다' 등으로 풀었다. 좋지 않은 평이지만, 나쁘게 보이지 않는다. 조선 고유의 연호를 만들자는, 그런 주장이 일반 관료들에게는 우활하게 보일 수밖에 없었을 것이다. '아, 세상 물정 모르고 저런 소리만 하네. 또 우리만 귀찮게 됐구먼.' '저 양반은 왜 되지도 않을 일을 맨날 하자고 그러는 거야.' 신하들이 툴툴대는 소리가 들리는 것도 같다.

▲ 정족산사고[강화군 길상면]

양성지가 판서나 대사헌 같은 기관장 역할을 능수능란하게 해낸 것 같지 않다. 사람을 제대로 다루지 못한 것 같다. 양성지에 우호적인 윤필상이 "양성지는 성품이 본래부터 유약하여 능히 아랫사람을 제어하지 못하기 때문에, 아랫사람이 반드시 업신여길 것입니다."[30]라고 임금에게 고했다. 이를 단점이라고 할 수 없다. 양성지는 학자적 관료다. 누구도 모든 것을 다 잘할 수는 없다.

- 발목을 잡은 것은

성종이 즉위하면서 양성지는 내리막길을 걷게 된다. 여전히 벼슬이 있지만, 실제로 일할 수 있는 기회가 별로 주어지지 않았다. 오히려 여기저기서 찔러대는 사람들이 늘었다. 탄핵을 받은 것이다. 다음 글은 사헌부 소속 관리 김제신이 임금에게 올린 글을 풀어 옮긴 것이다.

사헌부는 위로 임금을 보필하고 아래로는 모든 관리를 감찰하여 사악한 인물인가, 아닌가, 탐학한가, 청렴한가를 밝히는 부서입니다. 이러한 사헌부의 관리는 우선 자기 몸을 바로 잡아 허물이 없어야 합니다. 그래야 남의 잘못을 지적하고 나무랄 수 있습니다. 지금 임금께서 양성지를 사헌부의 수장인 대사헌에 임명하셨습니다. 그런데 양성지는 재물만 탐하는 인물입니다. 예전에 이조판서가 되었을 때 사람들이 그를 오마판서(五馬判書)라고 불렀다고 합니다. 그가 받은 뇌물을 헤아린다면 다섯 마바리라는 의미입니다. 이렇게 때 묻은 양성지가 대사헌으로 하늘을 우러러 부끄러움 없이 썩어빠진 무리의 죄를 들춰내고 탄핵할 수 있겠습니까. 설사 그렇게 한들 사람들이 인정하겠습니까. 양성지를 파면하여 주십시오.[31]

---

30) 《성종실록》 10년(1479) 5월 1일.
31) 《성종실록》 8년(1477) 10월 4일.

한마디로 양성지는 탐욕스러운 인물이라는 비판이다. 결국 성종은 양성지를 대사헌에서 물러나게 한다. 얼마 후 성종은 양성지를 공조판서에 임명한다. 그러자 이번에는 대사간이 직접 나서 탄핵한다.

> 공조판서는 중요한 직분을 갖는 자리는 아닙니다. 하지만 건축 공사를 주로 하므로 욕심이 많은 자를 임명해서는 안 됩니다. 양성지는 청렴하지 못하여 탄핵당하고 대사헌이 되지 못한 사람입니다. 공조판서를 맡을 자격이 없으니 파직하시기 바랍니다.[32]

사과 상자에 현금을 가득 넣어 뇌물을 주면서 사과가 맛있습니다, 드셔보세요, 하는 장면은 연속극 등으로 우리에게 익숙한 장면이 되었다. 비단을 허름한 돗자리에 싸서 양성지에게 바친 사람이 있었나 보다. 또 말[馬]을 바치면서, 원래 양성지네 말인데 편자를 갈아서 되돌려주는 것이라고 한 사람도 있었던 모양이다. 다른 사람들이 비웃으며 말하길, "말발굽에 돈이 들어 있고 돗자리 속에 비단이 들어 있다.'고 했다고 한다.[33] 실록은 돗자리에 싼 비단과 말을 받은 이는 양성지가 아니고 다른 재상일 수 있다고 썼다. 어쨌든, 양성지는 뇌물 관련 구설에서는 자유롭지 못했다.

양성지는 부정한 짓을 결코 하지 않았다고, 뇌물을 받은 적도 없다고 억울해했다. 성종에게 "논두렁이나 밭두렁에서 스스로 목매어 죽고"[34] 싶다고까지 했다. 사실 양성지가 뇌물을 받고 관리를 추천했다거나 하는 증거는 없었다. 임금이 조사를 명했으나 불법의 증거가 나오지 않았다. 그를 탄핵한 사람들도 주로 소문에 의지하여 양성지를 비판했

---

32)《성종실록》10년(1479) 4월 26일.
33)《성종실록》13년(1482) 6월 11일.
34)《성종실록》8년(1477) 10월 7일.

을 뿐이다.

그런데 양성지를 비판하는 사람들이 공통으로 지목한 부분이 '탐욕스럽다'는 점이다. 그 근거로 말해지는 것이 아주 많은 땅을 소유하고 있었다는 것이다. 사헌부 관원 안처량은 양성지를 비판하며 "통진에는 일찍이 한 이랑의 전토도 없었는데, 지금은 크게 농장을 개설하였으니, 이 또한 이(利)를 꾀하여 경영한 소치입니다."[35]라고 했다.

양성지가 대토지 소유자가 되는 과정에서 불법적인 요소가 없었다고 하더라도 그의 위치가, 그의 권력이 땅을 늘려가는 데 영향을 끼쳤을 것이다. 억울하게 피해 입은 농민도 있었을 것이다. 지금도 공직자가 많은 부동산을 갖고 있으면 여론이 부정적으로 흘러간다.

이제 역사의 시곗바늘을 300년쯤 뒤로 돌려보자. 조선 전기에 세종이 있었다면, 후기에는 정조가 있다. 정조는 즉위한 해에 바로 규장각을 세웠다(1776). 규장각은 임금의 글씨 등과 국내외 주요 도서들을 보관

▲ 양성지 묘

---

35) 《성종실록》 10년(1479) 5월 1일.

하는 왕실 도서관이면서 학문 연구 기관이다. 더 나아가 나라의 정책을 연구하고 추진하는 기능까지 하게 된다. 정조 개혁 정치의 중추 기관이라고 할만하다.

그런데 1463년(세조 9)에 이미 "규장각(奎章閣)이라 이름하고, 대제학 · 제학 · 직각 · 응교 등의 관직을 두어 … "[36]라는 상소를 올린 이가 있었다. 양성지다. 그때는 실현되지 않았으나 300여 년이 흘러 정조에 의해 규장각이 탄생한 것이다. 정조는 양성지의 실용적 학문관과 정책 방안을 높이 평가하고 실제 정치에 반영하고자 애썼던 군주다. 양성지의 문집인 《눌재집》을 간행해서 세상에 나오게 한 이도 정조다.

양성지는 왜 세조에게 규장각을 설치하자고 했을까. 집현전이 있는데? 그때 집현전은 없었다. 집현전은 세종이 설치했다(1420). 세조 때인 1456년에 폐지된다. 유지 기간 37년, 의외로 역사가 짧다. 단종 복위 운동에 가담한 신하 중에 집현전에 소속된 인물들이 많았다. 그래서 세조가 집현전을 없애버렸다.

조선시대 유명 인물이라고 해도 출생지가 알려진 인물은 많지 않다. 양성지도 그렇다. 양성지가 태어날 무렵 아버지 양구주가 충청도 옥천에서 근무했다고 한다. 근무를 마치고 서울로 돌아온다. 그래서 양성지가 출생한 곳이 옥천 아니면 서울일 것으로 추정한다.[37] 전북 남원이 출생지라는 연구도 있지만, 남원은 그의 본관이다.

성장기에 김포에서도 생활했던 것으로 보인다. 사료에는 '통진'으로 나오는데 지금 김포시 양촌읍 대포리 지역이다. 아버지가 일찍 돌아가셔서 이복형인 양경지에 의지해 살았는데 통진에 양경지의 땅이 있었다. 한양으로 가서도 김포에 대한 그리움을 간직하고 있었다. 김포에 살고 싶어 했다. 언젠가 김포에 사는 벗 조원희(조헌의 선조)를 찾아와

---

36) 《세조실록》 9년(1463) 5월 30일.
37) 한영우, 《조선 수성기 제갈량 양성지》, 지식산업사, 2008, 25쪽.

서 지은 시에 이런 내용이 있다. "통진에 자리 잡고 나도 살고파서 술 한 병 들고 친구 집에 찾아왔네."[38]

1458(세조 4), 양성지 나이 44세. 이때 양성지가 통진 대포곡(大浦谷)에 집을 지었다. 거처하는 곳을 눌재(訥齋)라 하고 헌을 지족헌(止足軒)이라 하였으며 정자를 목안정(木鴈亭)이라 하였다. 양성지의 네 아들 집도 모두 대포곡, 아버지 집 가깝게 있었다.[39] 양성지는 은퇴 후 이곳에서 살다가 사망했다. 통진 대포곡은 지금 김포시 양촌읍 대포리다. 대포리에 그의 묘소와 사당 수안사(守安祠)가 있고 가까이에 그를 모신 대포서원이 있다.

양성지 잠든 그 마을은 최근까지 고즈넉한 시골이었다. 앞으로도 그럴 줄 알았다.

▲ 예전의 수안사   ▲ 수안사

- 그가 간 길은

여기 단종이라는 이가 있습니다. 할아버지는 세종, 아버지는 문종이지요. 문종이 사망하자 조선 6대 임금으로 즉위합니다. 그해가 1452년, 나이 불과 12살. 열두 살이면 초등학교 5학년 나이입니다. 왕 노릇을

---

38) 김포문화원, 《조선왕조실록 눌재 양성지편》, 2006, 23쪽.
39) 서거정, 《사가집》.

제대로 하기는 어렵습니다. 통상 이럴 땐 어머니나 할머니가 대비나 대왕대비의 신분으로 영향력을 행사하게 되지요. 이를 수렴청정이라고 합니다.

그런데, 단종은 엄마 얼굴을 모릅니다. 엄마 현덕왕후는 단종을 낳고 얼마 후 죽고 맙니다. 지독한 난산이었답니다. 할머니 소헌왕후도 이미 돌아가신 지 오래. 결국, 단종을 도와 수렴청정 해 줄 어른도 없었습니다. 문종은 죽기 전 몇몇 대신에게 아들 단종을 잘 보필해달라고 부탁했습니다. 단종 보좌 역할을 맡은 이들 가운데 대표적 인물이 김종서입니다. 세종과 문종의 신임을 받은 김종서는 단종 즉위 후 최고의 실권자가 됩니다. 왕권이 상당히 위축됐습니다.

세종은 아들이 18명입니다. 소헌왕후가 낳은 아들은 모두 8명인데 장남이 문종이고, 차남이 수양대군, 셋째가 안평대군입니다. 그러니까 수양대군은 단종의 작은아버지입니다. 1453년(단종 1) 수양대군은 김종서 등을 제거하고 정권을 장악합니다. 이를 계유정난이라고 합니다. 계유년에 일어난 정난, 정난(靖難)은 나라의 위기를 바로 잡아 평안하게 했다는 뜻이니, 다분히 승자의 관점이 반영된 용어라고 할 수 있습니다.

계유정난 2년 뒤인 1455(단종 3), 수양대군은 단종이 스스로 왕위를 물려주는 형식을 갖춰 즉위합니다. 그 과정이 실록에 자세히 나옵니다. 주요 내용은 뽑아 풀어봅니다.

단종이 "내가 나이가 어리고 나라 안팎의 일을 알지 못하는 탓으로 간사한 무리가 은밀히 발동하고 난을 도모하는 싹이 종식하지 않으니, 이제 왕위를 수양대군에게 넘기려고 한다."고 하니 신하들이 말렸다. 그러자 단종이 말했다. "내가 전일부터 이미 이런 뜻이 있었거니와 이제 계책을 정하였으니 다시 고칠 수 없다. 신속히 처리하라."

세조가 엎드려 울면서 굳게 사양하다가 결국은 받아들였다. 세조가 사정전으로 들어가 노산군(단종)을 알현하고 면복을 갖추고, 근정전에서 즉위했다. 그리고 말하였다. "대위(大位)를 나에게 주시는 것을 굳게 사양하였으나 허락해주지 않으셨고, 또 종친과 대신들도 모두 이르기를 종묘사직의 대계로 보아 의리상 사양할 수 없다고 하는지라, 결국 억지로, 여론을 따라"[40] 즉위하게 됐다.

세조가 선위 받을 때 국새를 안고 있던 승지 성삼문이 통곡했습니다. 엎드려 있던 수양대군이 고개를 들어 성삼문을 째려보았다고 해요. 이렇게 조카 단종에게서 왕위를 넘겨받은 수양대군, 그가 세조입니다. 이 과정에서 세조와 한배를 탄 이들이 있고 반대로 세조를 거부한 사람들이 있습니다. 아버지와 아들의 선택이 다르고 형과 아우의 선택이 다르기도 했습니다.

세조의 집권을, 위축된 왕권을 회복해서 나라를 안정시키려는 행위로, 비교적 긍정적으로 보는 평가가 있습니다. 그렇지만 왕이 되려는 욕심으로 어린 조카를 내몬, 몰염치한 인물로 평가하는 것이 일반적인 것 같습니다. 세조는 형 문종을 배반했고, 아버지 세종까지 배반한 셈입니다.

양심상, 그대로 있기 힘들다! 침묵하던 일부 신하가 1456년(세조 2)에 단종 복위를 꾀합니다. 성삼문, 박팽년 등입니다. 여기에 세조의 친동생인 금성대군이 동조했습니다. 그런데 여기도 배신자가 있었습니다. 한편이었던 김질이 저쪽에 고자질합니다. 단종을 다시 왕으로 모시려는 사람들이 일을 꾸미고 있다고.

결국, 성삼문 등은 처형당했고 금성대군은 귀양 갔습니다. 단종도 죄 아닌 죄를 뒤집어쓰고 영월 귀양길에 오릅니다. 1457년(세조 3)에

---

40) 《세조실록》 1년(1455) 윤6월 11일.

금성대군이 귀양지 순흥에서 다시 한번 단종의 복위를 주도합니다만, 실패합니다. 그의 앞에 사약이 내려왔습니다. 단종에게도 사약이 왔습니다. 영월로 유배된 지 4개월 만에 그렇게 단종이 죽임을 당했습니다. 17살이었습니다.

성삼문과 함께 집현전에서 세종의 빛나는 업적을 함께 일군 신숙주, 그는 세조 편에 섰습니다. 그래서 오래도록 변절자로 욕먹습니다. 심지어 쉬이 변하는 녹두나물을 신숙주의 이름을 따서 숙주나물로 부르게 되었다는 이야기까지 만들어졌습니다.

신숙주는 자신의 선택이 후대 역사에서 어떤 평가를 받게 될지 짐작했을 것입니다. 그런데도 세조 정권에 든 것은 강한 왕권을 바탕으로 강건한 조선을 만들겠다는 신념이 있었기 때문이 아닐까, 생각해봅니다. 세조가 왕이 되는 과정은 정당하지 못했고, 그를 따른 신하들은 절의를 포기했습니다. 하지만 그들이 남긴 업적까지 폄훼할 필요는 없을 것입니다.

성삼문(1418~1456), 신숙주(1417~1475)와 동년배로 집현전 등에서 함께 활동했던 양성지. 그는 성삼문이 아닌 신숙주의 길을 따랐습니다. 계유정난을 묵인하고 세조의 사람이 되었습니다. 양성지도 계유정난 전후 깊은 고뇌에 빠졌을 것입니다. 아, 어떻게 살 것인가?

양성지는 성종 대에 특히 조정 관료들의 비판을 많이 받았습니다. 탄핵을 당하곤 했습니다. 일종의 원죄라고 할까. 집현전에 근무하며 세종의 사랑을 받았음에도 단종 복위 운동에 동참하지 않고 세조 편에 섰다는, 지조를 버린 인물이라는 부정적인 인식이, 그를 비판하는 사람들 가슴에 스며 있었던 것 같습니다. 얻는 것이 있으면 잃는 것도 있는 게 인생 아닌가 싶습니다.

04 슬픈 아웃사이더, 남효온

남효온(南孝溫, 1454~1492)이라는 인물을 살펴볼 겁니다. 살아생전에 김포에 특별한 연고는 없었던 것 같습니다. 그의 묘소도 경기도 고양시에 있었고요. 그런데 몇십 년 전에 후손들이 김포 하성면으로 묘소를 옮겼습니다. 이제 그는 영원한 안식을 김포에서 맞았습니다.

사실 그렇습니다. 남효온을 '김포의 인물'에 포함한 것이 좀 억지스럽기도 합니다. 당대도 아니고 500년도 한참 지난 뒤에 이장한 것을 가지고 여기에 소개하니 말이죠. 남효온은 과거에 급제하지도 못했고, 벼슬 한자리 해본 적도 없습니다. 하지만 학문이 깊었고 문장, 특히 시에 출중했습니다. 그의 짧은 삶을 통해 우리가 배우고 느끼고 돌아볼 게 적지 않습니다. 당시의 조선 사회를 이해하는 데도 중요한 위치에 있는 인물입니다. 그를 불러낸 이유입니다.

- 흐름으로 보는 조선의 정치

남효온을 말하기에 앞서 조선의 정치사 윤곽을 잡아보겠습니다. 조선의 정치적 흐름을 대략 파악하고 있으면 여러모로 편리합니다. 그러려면 신진사대부, 훈구, 사림, 사화, 붕당정치, 탕평정치, 세도정치 같은 용어를 살펴보아야 할 필요가 있습니다. 거칠게나마 이어가면서 정리해보겠습니다.

지배층 중심으로 보아 고려 전기를 문벌귀족사회라고 합니다. 무신

정권이 들어서면서 문벌귀족의 시대가 끝납니다. 1170년부터 1270년까지 100년간의 무신정권기는 말 그대로 무신들이 정권을 장악했던 시기입니다. 무신정권은 몽골과의 전쟁이 끝나면서 무너지게 됩니다.

1271년, 몽골 쿠빌라이는 북경으로 도읍을 옮기고 나라 이름을 원으로 바꿉니다. 그래서 우리 역사에서 이 시기를 원 간섭기라고 부릅니다. 고려 말, 원 간섭기에 고려 조정을 장악한 지배층을 권문세족이라고 합니다. 이들은 대개 나라와 백성보다 자신들의 이익에 열중했습니다. 원에 아부하여 배 불리던 친원파, 일제 강점기로 치면 친일파 부류의 세력가들이었습니다.

이들 권문세족을 비판하며 새롭게 등장한 세력이 성리학을 공부하는 신진사대부입니다. 신흥사대부라고도 합니다. 정도전 등 신진사대부들은 이성계를 도와 조선 건국에 기여합니다. 신진사대부 출신이 조선 초기 조정의 중심인물들이 됩니다. 이들을 보통 훈구파라고 합니다만, 훈구파라는 용어는 조금 뒤 세조 정권 때부터 쓰임이 구체화됩니다. 왕위를 찬탈한 세조 조정은 그 결이 이전과 좀 달라집니다. 부정적인 모습이 꽤 드러납니다.

이들 훈구 세력의 부정부패를 비판하며 새롭게 등장하는 세력이 성리학에 좀 더 충실한 사림입니다. 사림의 정신적 연원은 고려 말 신진사대부 정몽주까지 거슬러 올라갑니다만, 일종의 정치세력으로 그 모습을 드러내는 것은 성종 전후입니다.

고려 왕조에 대한 충절을 지킨 이들의 후예만 사림이 아닙니다. 조선 건국에 참여한 개국공신의 후손 중에 사림으로 분류되는 이들도 적지 않습니다. 사실 훈구와 사림의 구분이 의외로 명확하지 않습니다. 어떤 이들을 사림으로 볼 것인지에 대해 학계의 의견도 통일된 것 같지 않습니다. 그렇지만 당시의 상황을 구조적으로 파악하기 위해서 통설에 따라 훈구와 사림을 말하겠습니다.

조정의 높은 자리를 장악한 훈구파는 새로 조정에 들어와 자신들을 비판해대는 사림들이 피곤합니다. 목구멍에 박힌 가시입니다. 훈구는 기득권을 지키려 하고 사림들은 그것에 도전합니다. 이때 사림은 도덕적으로 훈구보다 우위에 있었습니다. 결국 두 세력은 충돌합니다. 훈구와 사림의 몇 차례 충돌을 사화(士禍)라고 말합니다. 사화로 사림이 많이 다쳤지만, 훈구도 꽤 타격을 입었습니다.

선조 임금 때 가서 훈구로 분류되는 신하들이 거의 다 사라집니다. 이제 사림이 정권을 장악하게 됩니다. 임진왜란 전의 일입니다. 정치 싸움이 끝났습니다. 아니 끝나지 않았습니다. 이제 여러 가지 이유로 사림들이 분파를 이루고 서로 대립하게 됩니다. 그 시작이 동인과 서인으로 갈라진 겁니다. 사림이 동인과 서인으로 분열된 정치 상황부터를 붕당정치라고 부릅니다. 예전에는 당쟁이라고 했지요.

쪼개지고 나뉘는 행태를 무조건 나쁘게 볼 필요는 없다고 생각합니다. 오늘날 똑같은 해에 똑같은 대학 학과에서 똑같은 교수에게 가르침을 받았어도 어떤 이는 진보의 상징이 되고 어떤 이는 보수의 선봉이 됩니다. 개인의 성향에 따라 노선을 달리하는 것은 자연스러운 현상입니다. 중요한 것은 신념에 의한 결정인지, 아니면 출세의 수단으로 택한 결정인지 구분하는 것이겠지요.

이후 동인은 남인과 북인으로 쪼개지고, 서인은 노론과 소론으로 갈라지면서 복잡한 양상을 보이게 됩니다. 영조, 정조 시기에 당파보다 능력으로 인재를 선발한다는 탕평정치가 전개됩니다만, 붕당정치의 틀이 무너진 것은 아닙니다. 정조 이후 순조·헌종·철종 대에는 특정 외척 가문이 정권을 장악하는 세도정치가 전개됩니다. 꽤 고약한 정치 형태였습니다. 철종을 이어 즉위하는 고종 시기에는 고종의 아버지 흥선 대원군이 실권을 장악합니다.

앞 장에서 살펴본 인물 양성지, 그는 훈구파의 일원으로 볼 수 있습니다. 이제 소개할 남효온은 양성지와 완전히 반대쪽에 있던 인물입니다. 초기 사림의 대표적인 한 명으로 볼 수 있겠네요. 양성지가 1415년(태종 15)에 태어났고 남효온이 1454년(단종 2)에 태어났으니 두 사람의 나이 차이는 40이고요.

– 내 세상에 태어남이 쓸쓸함이여

가을 산, 가을 바다, 가을 강. 이 중에서 한 곳에만 가라 하면 어디로 가야 할까. 한자로 옮겨보자. 추산(秋山), 추해(秋海), 추강(秋江). 추산은 그런대로 괜찮은데 추해는 어감이 좀 거시기하다. 추강이 예쁘다. 추강, 가을 강. 남효온의 호가 추강이다.

행우·최락당·벽사 등의 호도 썼지만, 추강으로 널리 알려졌다. 강에는 강물, 남효온은 물을 좋아했다. 사람은 높은 곳에 오르려 바둥거리지만, 물은 늘 낮은 곳으로 흐른다. 남효온은 물로 살았다. '추강'의 느낌이 왠지 쓸쓸하다. 아닌 게 아니라 남효온의 삶은 쓸쓸함 그대로였다. 말년에 그는 이렇게 적었다. "내 세상에 태어남이 쓸쓸함이여, 교유를 끊고서 홀로 지냈노라."

> 술을 몹시 즐겼다. 모친의 꾸지람을 듣고는 〈지주부(止酒賦)〉를 지은 뒤 10년 동안 술을 끊었다. 그러다가 풍병이 들자 다시 술을 마셨고, 병세가 조금 가라앉자 5년 동안 술을 끊었다. 뒤에 병이 위독해지자 다시 술을 마시다가 세상을 마쳤다.[41]

남효온과 친했던 어떤 이가 기록한 남효온의 모습이다. 술이 좋아도 아프면 일단 끊는 법인데, 남효온은 거꾸로다. 아프면 더 마신다. 내면이 복잡해 보인다. 자학의 기운도 읽힌다. 고통스러웠나 보다. 화가

---

41) 남효온 지음, 정출헌 옮김, 《추강집》, 한국고전번역원, 2014, 17쪽.

치밀었나 보다. 술로 잊고 싶었던 게 뭘까.

남효온은 조선 개국공신으로 영의정을 지낸 남재의 5대손이다. 아버지는 남전, 어머니는 이곡의 따님이다. 김종직의 제자로 김굉필, 정여창, 김일손 등과 교유했다. 그렇지만 어릴 때부터 김종직에게 직접 가르침을 받은 것은 아니라고 한다. 김종직의 글을 구해 읽으며 흠모의 마음을 품었던 것 같다. 간접적인 교류도 있었을 것이다. 그렇게도 사제지간이 가능하다. 둘의 대면은 생각보다 늦었다. 남효온이 김종직을 처음 만난 것은 35세 때인 1488년(성종 19)이다.[42] 늦은 만남이었으나 이미 사제의 정은 깊었다.

남효온이 세상의 주목을 받게 된 것은 25세 때이다. 그때 성균관 학생이었는데 성종에게 올린 상소문 한 통이 조정을 발칵 뒤집어 놓은 것이다. 상소문을 올리게 된 배경은 이러하다.

옛사람들은 나쁜 정치는 나쁜 기운을 만들고, 나쁜 기운이 홍수, 가뭄 등 재해나 이상한 자연 현상으로 나타난다고 인식했다. 하늘의 경고인 셈이다. 그래서 이런 일이 생기면 임금은 아연 긴장하고 대책 마련에 부심했다. 이를 비과학적이라고 깎아내리는 것은 바른 생각이 아니다. 오히려 자연에 대한 인간의 경외(敬畏), 겸손한 마음가짐, 아울러 성찰의 계기가 된다는 점에서 여전히 유용한 믿음이다.

성종 임금 9년째인 1478년 어느 날, 흙비가 내렸다. 얼마 전에는 지진도 있었다. '하늘의 경고'에 성종은 노심초사했다. 세금이나 부역이 너무 과했나, 인사에 문제가 있었나, 지방 수령의 탐학으로 백성이 고통을 겪는데도 내가 모르고 있는 것인가. 성종은 일단 백성의 소리를 듣고자 했다. 그래서 의정부에 명했다.

---

42) 남효온 지음, 정출헌 옮김, 《추강집》, 한국고전번역원, 2014, 146쪽.

허물은 실로 내게 있는 것이다. 직언을 들어서 하늘이 내린 벌에
답하고자 한다. 조정은 물론이고 각 지방의 관리들도 왜 기상이변
이 발생했는지 내가 어떻게 해야 그런 일이 다시 생기지 않을지
고민하고 그 방법을 제시하라. 일개 평민이라도 괜찮다. 신분, 지위
따지지 말고 온 백성에게 물어 대책을 구하라.43)

- 소릉을 복위하소서

남효온이 상소를 올렸다. 총 여덟 가지 내용의 개선을 청하였는데
우선 눈에 띄는 부분이 성균관 소속 선생님들에 대한 비판이다. 인격을
배우고 싶으나 배울 스승이 없고, 학문을 배우고 싶으나 배울 스승이
없다고 했다. 군자여야 할 스승이 소인배에 불과하고, 진정한 학문을
가르쳐야 할 스승이 문제 풀이나 가르치고 있다는 비판이다. 제대로
된 사람이 성균관에서 가르칠 수 있게 해야 한다는 것이다.

남효온 상소에서 가장 논란이 된 부분은 소릉 복위를 요청하는 내용
이다. 소릉? 현덕왕후의 묘가 소릉(昭陵)이다. 현덕왕후는 문종 왕비이
다. 단종의 어머니이다. 세자빈이던 1441년(세종 23)에 단종을 낳고
며칠 만에 사망했다. 남편이 왕이 되는 걸 보지 못했다. 남편 문종이
즉위하면서 현덕왕후로 높여 부르게 되었다. 1456년(세조 2), 단종 복
위 운동에 동조했던 현덕왕후의 어머니와 동생이 처형됐다. 그 여파로
왕후의 무덤, 즉 소릉까지 파헤쳐 물가로 옮겨졌다. 종묘에 모시던 신위
도 내쳐졌다. 왕비 신분에서 평민 신분으로 떨어졌다.

세조께서는 하늘이 내려 준 용맹과 지혜 그리고 해와 달 같은 명철
함을 지니셨습니다. 하늘과 사람의 도움을 얻어 나라의 큰 어려움
을 제거하고 왕이 되셨습니다. 그런데 뜻하지 않게 단종 복위 사건

---

43) 《성종실록》 9년(1478) 4월 1일.

이 있었고 간신배들의 선동까지 겹쳐 소릉이 폐위되었습니다. 그로부터 대략 20년 세월이 흘렀습니다. 그동안 하늘에 계신 문종의 영혼이 얼마나 외로웠겠습니까.

사람의 마음과 기운이 순조로우면 바로 하늘의 마음과 기운이 순조로운 것이고, 사람의 마음과 기운이 순조롭지 않으면 바로 하늘의 마음과 기운이 순조롭지 않은 것입니다. 하늘의 마음과 기운이 순조롭지 않으면 재앙이 오기 마련입니다. 지금의 흙비는 하늘의 경고입니다. 신의 생각에 소릉을 폐위한 것은 사람의 마음에 순조롭지 않은 것이니, 하늘의 마음에도 순조롭지 않은 것입니다. 그러하니 소릉을 복위하여 순리대로 되돌리는 용단이 필요합니다.

남효온의 상소 가운데 소릉 복위를 청하는 내용을 풀어서 정리한 것이다. 겉보기에 부드럽지만, 매서운 글이다. 남효온이 소릉 복위를 주장한 것은 단순히 무덤 복원만 요구한 것이 아니다. 왕후의 자격을 회복해달라는 것이다. 드러내지는 않았지만, 세조의 왕위 찬탈을 비판한 것이다. 세조의 즉위를 도와 공신이 된 조정 대신들을 싸잡아 흉본 것이다. 좀 더 나아가면 세조의 손자인 현 임금 성종의 정통성까지 문제 삼는 것으로 해석할 수 있다. 목숨을 건 행동이었다.

조정에 난리가 났다. 정창손, 한명회 등등, 대신마다 들고 일어나 남효온 처벌을 외쳤다. 임금 성종도 불쾌했던 것 같다. 그러나 성종은 훌륭하게 대처했다. 거듭 처벌을 거부했다. "남효온을 잡아다 신문하여 벌주라고 하지만, 내가 거리낌 없이 의견을 내라고 해서 올린 글인데 어찌 처벌할 수 있는가. 만약 그리하면 앞으로 어떤 신하가 진심을 담아 의견을 말하겠는가. 나는 그게 두려운 것이다."[44]

소릉은 복위되지 않았다. 남효온은 처벌받지 않았다. 그러나 대신들

---

44) 《성종실록》 9년(1478) 4월 20일.

에게 완벽하게 찍혔다. 25세, 파릇한 청춘, 39세에 세상을 떠나기까지 14년. 보이지 않는 오라에 묶여 살았다. 오라를 풀어보려고 특별히 애쓰지도 않았다. 오라를 훈장으로 여겨 당당했건만, 점차 흔들렸다. 후회도 했다. 그러나 지조를 끝내 포기하지 않았다. 세조의 왕위 찬탈을 "유교국가로서의 조선의 정체성이 근본적으로 훼손된 사건"[45])으로 규정하기도 한다. 남효온의 삶은 조선의 정체성 회복을 갈구하며 버텨내던 시간이었다.

1482년(성종 13), 유례없는 가뭄, 남효온도 굶주렸다. 성종은 다시 널리 의견을 구했으나 남효온은 응하지 않았다. 대신 시를 지었다. "… 굶어 죽은 시체들 또한 무슨 죄이며 / 배부른 고관들 어찌 하나같이 장수할까 / 비단옷 입고 얼큰하게 술 취한 자들 / 올해의 이런 흉년 알기나 할까 …" 농민 속에 섞여 살며 그들의 고통에 함께 아파했던 남효온, 손자를 버려야 했던 어느 노인의 비통을 또 이렇게 적었다.

> 가난 속에 열 식구 먹여 살리며
> 예순 해 근근이 넘기었다오.
> 올해는 온 천지가 가뭄이 들어
> 재앙 닥쳐 개 닭조차 근심한다오.
> 궁한 늙은이 골수까지 메말라
> 손자도 데불어 살 수 없게 되었다오.
> 거리 바닥에 버리고 돌아오자니
> 떠다니는 아이 목소리 귓가에 들리는 듯.
> 목 빼고 아무리 울부짖어도
> 이제는 다시 만날 기약 전혀 없다오.[46])

<blockquote> 45) 김보경, 〈김시습과 남효온, 추방된 비전과 굴원.초사 수용〉, 《동양한문학연구》 제67집, 2016, 173쪽.
46) 김성언, 《남효온의 삶과 시》, 태학사, 1997, 144쪽. </blockquote>

▲ 남효온 묘 문인석

아직은 과거를 포기하지 않았다. 1480년(성종 11)에 진사시에 합격했기에 문과를 볼 수 있었다. 그런데 마음공부와 시험공부 사이에서 갈등했다. 어쨌든 어머니의 강권으로 시험을 준비했다. 소릉복위 사건 후 5년이 흘렀다. 1483년(성종 14) 남효온은 문과에 응시했다. 떨어졌다. 당시 과거를 주관한 책임자가 정창손, 남효온 처벌을 강력히 외쳤던 인물이다. 아마도, 미운털 단단하게 박힌 남효온을 대신들이 일부러 떨구어 낸 것 같다. 앞 장 양성지 편에서 단종 복위 계획을 고자질한 이가 김질이라고 했다. 김질이 장인에게 일렀고 장인이 김질과 함께 세조에게 알린 것이다. 그 김질의 장인이 바로 정창손이다.

이제 남효온은 과거 응시를 단념한다. 가깝게 지내던 김시습이 "나는 세종의 후한 은혜를 받았으니, 이렇게 사는 것이 당연하지만, 공은 나와 다른데 왜 세상을 살아갈 계책을 세우지 않으시는가."라며 과거 응시를 권했다고 한다. 《연려실기술》에 남효온의 답변이 실려 있다. "소릉이 회복된 뒤에 과거에 나아가도 늦지 않습니다." 그러나 소릉이 회복된 것은 남효온이 세상을 떠나고 20여 년이 흐른 1513년(중종 8)이다. 《연려실기술》은 괴이한 이야기도 전한다. 세조가 이미 죽은 형수의 묘, 소릉까지 파헤치게 한 이유가 무엇인지.

세조가 꿈을 꾸었는데 현덕왕후가 매우 분노하여, "네가 죄 없는 내 자식을 죽였으니, 나도 네 자식을 죽이겠다. 너는 알아두어라."

하였다. 세조가 놀라 일어나니, 갑자기 동궁(東宮, 세자)이 죽었다
는 기별이 들려왔다. 그 때문에 소릉을 파헤치는 변고가 있었다.

세조를 이어 즉위한 예종은 세조의 장남이 아니다. 차남이다. 장남은
의경세자다. 그런데 의경세자가 1457년(세조 3)에 죽었다. 그래서 예종
이 즉위하게 된 것이다. 세조는 정말 저런 꿈을 꾼 것일까. 정말 현덕왕
후의 저주가 있었던 것일까? 모를 일이다.

- 사육신과 생육신

이후 남효온의 삶은 어떠했을까. 공부하고 글 짓고, 손수 밭을 갈기
도 하고, 유람도 했다. 평온한 듯하지만, 그렇지 않았다. 곤궁했다. 몸이
아주 아팠다. 폐병, 당뇨 등 이런저런 병을 앓았다. 가슴속 뜨거운 불덩
이도 식히지 못했다. 이런저런 이유로 가깝게 지내던 친구들도 멀어져
갔다.

절친 김굉필은 남효온과 가치관이 꽤 달랐다. 실천과 행동을 중시하
는 원칙주의자 김굉필은 스승 김종직의 신중함을 비판하기도 했다.
그리고 시의 가치를 존중하지 않았다. 멀어졌다. 그래도 남효온은 오랜
세월, 김굉필을 그리워했다, 그리워만 했다.

남효온이 위독하다는 소식을 들은 김굉필이 남효온을 찾아왔다. 해
후! 하지만, 남효온은 김굉필이 방문 열고 들어서자 벽을 향해 돌아누웠
다고 한다. 한마디 말도 하지 않았다고 한다. 아마도 돌아누워 눈물을
흘리고 있었을지도 모르겠다. 옹졸하다고 쉽게 평할 수 없을 것 같다.

술과 시가 변함없는 친구였다. 차라리 머리 밀고 중이나 될까, 성균
관 시절 과거 공부나 열심히 할 걸 그랬나, 이런 후회 저런 반성, 인간적
인 망설임도 없지 않았다. 그러나 자신이 생각하는 정의를 포기하지
않았다.

매우 위험한 글을 다시 지었다. 세조의 찬탈을 비판한 문제작, 이번에는 〈육신전(六臣傳)〉이다. 주변 사람들이 쓰지 말라고 말렸다. 큰 화를 당할 수 있다고. 그러나 남효온은 충절과 변절의 교훈을 세상에 남기려는 신념을 행동으로 옮겼다. 그것이 남효온에게 인이고 의였다.

〈육신전〉은 세조를 없애고 단종을 다시 왕으로 모시려다 죽은 충신들 가운데 여섯 명을 선별하여 간략하게 정리한 일종의 위인전이다. 박팽년·성삼문·이개·하위지·유성원·유응부가 그 주인공이다. 이른바 사육신(死六臣)이다. 〈육신전〉 내용 가운데 박팽년, 유성원, 유응부의 일화를 간단히 소개한다.

박팽년은 세조 정권에서 잠시 벼슬할 때 자신을 '신(臣)'이라 표기하지 않았다. 조정에 글을 올리게 되면 아무 관직의 아무개라고만 썼다. 붙잡혀 신문 당할 때 세조를 꼬박꼬박 '나리'라고 불렀다. 그에게 임금은 단종뿐이었다. 처형 직전 누군가가 왜 이런 일을 저질렀냐고 물었다. 박팽년의 대답이 이러했다. "마음이 평안하지 않아 이럴 수밖에 없었다."

유성원은 성삼문이 붙잡혀 갈 때 다른 곳에 있어서 무사했다. 그냥 도망가면 살 수도 있었다. 그는 집으로 갔다. 사당으로 들어가 자결했다. 사당으로 가기 전에 한 일이 있다. 무엇일까? 아내와 마주 앉아 술을 한잔 마셨다. 이별주였다.

유응부는 무인이다. 그가 직접 세조를 제거할 계획이었다. 일이 어그러져 붙잡혀 고문을 받는 처지가 되었다. 세조가 노하여 쇠를 달궈 유응부의 몸을 지지게 했다. 지글지글 살이 탔으나 낯빛조차 변하지 않았다. 잠시 후 유응부가 외쳤다. 세조 아닌 유응부의 외침이다. "쇠가 식었으니 다시 달궈 오너라."

생육신(生六臣)도 있다. 그때 죽임을 당하지는 않았지만, 세조 정권에서 벼슬하지 않고 단종에 대한 절의를 지킨 여섯 명이다. 김시습·원호 · 이맹전 · 조여 · 성담수 · 남효온이다. 남효온은 단종 복위 사건이 터졌을 때 겨우 3살이었다. 하지만 소릉 복위를 주장하고 〈육신전〉을 짓는 등 단종에 대한 충절을 지켰기에 생육신에 포함되었다.

남효온은 죽기 1년 전쯤에, 죽음을 예견했는지, 자기 죽음을 스스로 애도하는 장편의 시를 지었다. 그중에 평생 자신을 따라다닌 여섯 가지 액운을 해학적으로 묘사한 내용이 있다. 생긴 모습 추하여 여자들이 멀리한 것, 집안이 가난하여 술 실컷 못 먹은 것, 하는 짓 거칠어 미친놈 소리 들은 것, 허리가 곧아서 높은 분들 성나게 한 것, 신발이 뚫어져 발뒤꿈치 돌에 챈 것, 집이 작아 대들보에 이마 늘 부딪친 것.[47]

애 데불고 천천히 산 언덕길 걷나니,
붉은 살구 가지 끝엔 보름달 걸렸구나.
꺼져가는 내 영혼도 봄뜻따라 움직여,
봄바람 맞으며 꽃 많은 가지 껐네.[48]

어느 봄밤, 아픈 몸 이끌고 아들과 함께 살구꽃 구경 나온 남효온. 그때의 마음을 한 편 시로 남겼다. 1492년(성종 23), 남효온 결국, 세상을 떠났다. 39세였다. 십여 년 뒤 또 한 번 죽어야 했다. 갑자사화(1504) 때 연산군은 남효온을 부관참시했다. 남효온에게는 아들이 둘 있었다. 하나는 남효온 생전에 죽었다. 하나 남은 아들은 갑자사화 때 끌려가 죽임을 당했다. 남효온의 아들인 죄였다.

만약 남효온이 조용히 수양하다 도(道)로써 벼슬에 나아가 신하와
임금이 이미 생각을 함께하고 서로 친근하게 믿으며 세월을 두고

---

47) 김남이, 〈家系 · 師友 관계를 통해 본 15세기의 지식인 남효온〉, 《동양한문학
    연구》제26집, 2008, 7쪽.
48) 김성언, 《남효온의 삶과 시》, 태학사, 1997, 68쪽.

다듬어서 … 세조 때 신하들이 모두 죽을 때를 기다려서 이러한 의론을 비로소 꺼냈다면, 성종께서 그의 말을 받아들여 온 나라가 한마음이 되어 낡은 것을 혁파하고 새로운 것을 활짝 열었을 것이다. … 다만 빨리 이루려고 하다가 마침내 실언의 허물에 빠져 곤궁하게 살다 세상을 마쳤다.

훗날 허균이 남효온을 아쉬워하며 이렇게 평가했다. 하지만 "남효온의 성급함과 과격함은 성종 대 신진 사류가 품고 있던 새로운 시대에 대한 뜨거운 열정의 표출"49)이기도 했다. 개인의 사적 영달을 위해 타협하지 않고 끝내 지켜낸 절의, 소신과 원칙에 대한 신념은 이후 사림의 정신적 표상으로 길이 남았다.

연산군 자리에 중종이 들어왔다. 세상에 일단 바뀌었다. 1513년(중종 8), 소릉이 복위되었다. 소릉 즉, 단종의 생모 현덕왕후의 능이 현릉(문종 왕릉)으로 이장됐다. 남효온도 죄를 벗었다. 그런데 사림의 칭송과 달리 중종은 남효온을 떨떠름하게 여겼던 것 같다.

비록 반정했지만, 중종 역시 성종의 아들이다. 세조의 직계 후손이다. 남효온이 세조의 왕위 계승을 찬탈로 규정하고 비판한 것을 중종 자신의 정당성을 훼손한 것으로 여겼을 수 있다. 60여 년 뒤, 선조는 노골적으로 남효온에 대한 혐오를 드러냈다. 선조도 세조의 후손이다. 《선조실록》에 실린 선조의 말을 뽑아서 풀어본다.

〈육신전〉을 읽고 치가 떨렸다. 세조는 천명을 받아 즉위해서 나라를 잘 다스렸다. 어찌하여 남효온은 이를 부정하는가. 그는 조선의 죄인이다. 만약 살아있었다면 내가 직접 죄를 다스렸을 것이다. 육신(六臣)은 충신이 아니다. 진정 노산군(단종)에 대한 충심이 있

---

49) 남효온 지음, 정출헌 옮김, 《추강집》, 한국고전번역원, 2014, 316~317쪽.

엇다면 세조가 즉위할 때 바로 자결하던가, 아니면 궁궐을 떠났어야 했다. 그대로 조정에 남아 세조의 신하가 되더니, 이내 마음이 변해 단종 복위를 도모했으니, 그들은 역적인 것이다. 내가 <육신전>을 모두 거두어 불태우려고 한다. 그리고 누구든 이에 대해 말하는 사람이 있으면, 엄하게 처벌하려고 한다. 그대들 생각은 어떠한가?

대신들이 긁어 부스럼이라고 말렸다. 오래전 일이고 책이 시중에 널리 퍼진 것도 아니기에 그냥 놔두면 없어질 이야기다, 그런데 책을 수색하고 압수하면 오히려 유명해져서 서로 보려 할 것이다, 처벌하게 되면, 누가 그 책을 봤다, 누가 육신을 칭송했다, 거짓 신고하는 일도 많아져 혼란이 올 수 있다. 그러니 그냥 놔두자. 대신들의 말을 다 듣고 선조가 대답했다. "그렇게 말하니 지금 우선은 따른다."[50]

남효온에 대한 인식을 획기적으로 바꾼 임금은 정조다. 1782년(정조 6)에 남효온을 이조판서로 추증하고 1784년(정조 8)에는 문정(文貞)이라는 시호까지 내렸다. 세상 떠나고 근 300년 만에 이조판서가 된 남효온이다. 그는 하늘에서 기뻐했을까? 그렇지도 못했을 것 같다. 자기 때문에 목 베인 아들 생각에.

김포시 하성면 후평리 남효온 묘, 소나무 숲길 아래 탁 트인 공간에 모셔졌다. 옛 석물을 옮겨 모시면서 새로 세운 것도 있다. 자그마한 묘비는 1525년(중종 20)에 제작한 것이라고 하는데 마멸이 심하여 비문을 읽을 수 없다. 그래도 품격이 느껴진다.

좀 특이한 모양의 검정 비석이 옛 묘비와 나란히 서 있다. 1987년에 세운 검정 비석에는 추강선생을 우러러 받드는 후손들이 성금을 모아 묘역을 조성했고, 그 사실을 후대에 전하려고 '헌금비'를 세운다고 새겼

---

50) 《선조실록》 9년(1576) 6월 24일.

다. 이어서 많은 후손의 이름과 성금 액수까지 새겼다.

이 비석을 봉분과 좀 떨어진 곳으로 옮겼으면 좋겠다. 까마득한 옛 조상 묘를 위해 거금을 낸 후손들의 정성이 아름답지만, 지금의 '헌금비' 위치는 아무래도 남효온에 대한 예의가 아닌 듯하다.

햇살은 따사로워도 바람은 찬 기운 여전하던 봄날, 남효온 묘를 다시 찾았다. 아직은 누런 봉분에 홀로 핀 보랏빛 제비꽃 떨고 있었다. 반골 이미지에 거친 남자 같은 남효온, 꽃을 좋아했다. 제비꽃 보며 곱구나, 읊조릴 것 같다. 그가 생전에 지은 꽃 시 한 편 옮기며 마친다.

> 단청역 가는 길섶 피어난 해당화
> 빗기는 바람 가랑비에 말 내려 바라본다.
> 주인 없이 붉게 핀 들꽃이 애처로워
> 나그네가 꺾어선 말안장에 꽂아보네.[51]

▲ 남효온 묘

51) 김성언, 《남효온의 삶과 시》, 태학사, 1997, 535쪽.

⑤ 조선의 대쪽 선비, 이목

하성면 애기봉 가는 길, 한재당 앞이다.

조선 전기의 문신이자 학자, 이목(李穆, 1471~1498)을 모신 사당이다. 왜 이름이 한재당인가? 이목의 호가 한재(寒齋)라서 그렇다. 옛사람들은 이름을 귀히 여겨 함부로 부르지 않고 이름 대신 자(字)나 호(號)를 썼다. 이목의 자는 중옹(中雍)이다. 지금은 옛사람들을 호칭할 때 그의 자보다 호를 많이 쓴다. 자는 성인이 되었다는 선언인, 관례를 치르고 어른들이 지어준다. 자신은 지을 수 없는 것이 원칙이다.

호는 본인이 짓기도 하고 주변 사람들이 지어주기도 한다. 자보다 자유롭게 짓고 불렀다. 퇴계, 율곡, 다산, 추사, 모두 호이다. 자신이 각별하게 여기는 지명, 마음에 품은 좌우명, 고전의 글귀 등에서 호를 취한다. 자신의 외모나 취향을 해학적으로 묘사해서 호로 삼는 경우도 꽤 있다. 한 사람이 여러 개의 호를 쓰는 경우도 흔했다.

한재당, 홍살문을 제일 먼저 만난다. 붉은색 나무 기둥과 하늘로 솟은 화살 모양의 가지, 그래서 홍살문이다. 홍살문은 그 안 공간이 신성한 곳임을 알려주는 장치다. 대개 돌아가신 옛 영령을 모시는 곳에 이 문을 세웠다. 김포 장릉에도 있다. 통진향교에는 왜? 향교는 학교이면서 일종의 사당이다. 공자를 비롯해 선현을 모셨기에 홍살문을 세웠다.

- 차를 마시며

안으로 들어간다. 오른쪽으로 날렵한 정자가 보인다. 寒齋茶亭(한재다정)이라고 쓴 현판이 걸렸다. 다(茶), 마시는 차다. 오늘날 이목은 차

▲ 정간사

문화의 으뜸 어른으로 추앙받는다. 차를 워낙 좋아했고, 최고의 전문가였으며, 차를 예찬한 다부(茶賦)라는 글을 지었기 때문이다. 이목은 다부에서 이태백이 달을 좋아하듯, 자신은 차를 좋아한다고 했다. 차의 종류, 명산지, 차의 공과 덕 등을 밝혔다.

그에게 차는 맛있는 마실 거리이자 몸과 마음을 씻어내는 치료제였으며 취미생활이었다. "세상에 태어나니 풍파가 모질구나. 양생(養生)에 뜻이 있다면 너를 버리고 무엇을 구하랴." '너'는 곧 차다. 건강관리에도 차가 제일이라는 것이다. 그런데 이목에게 차의 진정한 가치는 맛도 건강도 취미도 아니다. 오롯한 수행의 한 과정이었다.

아쉬운 것은, 주객전도라고 할까, 지금 이목에 대한 관심이 너무 차쪽으로 쏠려 있다는 점이다. 이목을 다룬 연구 논문을 검토해 보면 이목과 차에 관해 쓴 게 아주 많다. 그의 삶, 그의 문학, 당시의 정치 상황 등 다룰만한 주제가 다양함에도 차에 편중된 관심이 지나친 감이 있다.

이제 저쪽 정간사로 가보자. 정갈한 사당이다. 바닥 돌 하나까지 허투루 하지 않았다. 언제 가 봐도 가지런하고 깔끔하다. 貞簡祠(정간사), 이목을 모신 사당 이름이 정간사가 된 것은 그의 시호가 정간이기 때문이다. 시호는 죽은 뒤 나라에서 내려주는 이름이다. 높은 벼슬을

▲ 이목 묘

했거나 나라에 큰 공을 세웠거나 학덕이 높아 존경받는 학자에게 내려준다. 아무나 받을 수 있는 이름이 아니다.

보통 두 글자 시호 뒤에 공(公)을 붙여 부른다. 가장 유명한 시호는 아무래도 충무공! 그런데 조선시대에 충무라는 시호를 받은 인물이 열 명쯤 된다. 이순신 한 분이 아니다. 시호에 쓰는 한자를 일정하게 정해 놓고 해당 인물의 공적과 어울리는 글자를 뽑아 조합하다 보니 중복되는 경우가 잦았다.

이목의 시호는 그의 생애를 압축적으로 보여준다. 정(貞)은 굽히지 않고 숨김이 없다는 뜻이고 간(簡)은 정직하여 사특함이 없다는 의미라고 한다. 그런데 그런 깊은 뜻보다 한자 자체로 보는 게 더 그럴듯하다. 정은 곧을 정 자, 간은 대쪽 간 자다. 이목은 곧았다. 실로 대쪽 같은 선비였다.

정간사 뒤편 양지바른 언덕에 이목의 묘역이 있다. 묘가 여럿인데 제일 위에 모셔진 것이 이목의 묘다. 예전에는 묘역 맞은 편 숲이 아늑하니 참 좋았는데 지금은 심하게 나무를 베어내서 황량하다. 아쉽다. 그래도 이목에게 좋은 일이 생겼다. 최근에 부인을 상봉했다. 500여 년 만이다. 후손들이 공주에 있던 부인의 묘를 2018년 여름에 옮겨와 함께 모신 것이다.

그녀는 12살에 19살 이목과 혼인했다. 아버지 김수손이 점찍어 정해 준 남자였다. 부부로 산 지 10년, 남편이 죽임을 당했다. 그때 남편 이목의 나이 28세, 부인은 스물이 겨우 넘었다. 하나뿐인 아들은 갓

돌을 지났고. 청상이 된 여인은 아들 데리고 고향 공주로 갔다. 아들을 잘 키웠다. 일찍 간 남편의 배려인가, 팔십 넘어 살고는 세상을 떠났다. 그렇게 충청도 공주에 묻혔다. 이제 부부는 함께 누워 한 하늘을 보고 있다.

– 성균관에서 굿판이라니

이목은 1471년(성종 2)에 지금의 김포시 하성면에서 태어났다. 아버지는 이윤생, 어머니는 홍맹부의 따님이다. 일찍 공부를 시작해서 류분에게 배웠다.[52] 14세부터는 김종직에게 가르침을 얻었다. 김종직 문하의 인재들과 두루 교류했는데, 특히 김일손(1464~1498)과 가까웠던 것 같다. 김일손이 이런 글을 남겼다.

> 내 성격이 본디 남을 인정하는 일이 적었다. 17세 때 처음으로 점필재(김종직) 문하에 유학하여, 열세 사람과 진정한 마음으로 사귀었으니 도덕에는 김굉필·정여창·이심원이요, 문장에는 강혼·이주·이원·이목이요, 유일(遺逸)에는 남효온·신영희·안응세·홍유손이요, 음률에는 이총·이정은이라.[53]

웬만해선 남을 인정하지 않는 김일손이 이목의 문장을 높이 평가했다. 낯익은 이름이 보인다. 남효온. 김일손은 남효온을 '유일'이라고 했다. 유일을 '초야에 묻힌 명망 높은 선비' 정도로 풀이할 수 있다. 학덕은 아주 높으나 벼슬이 없는 이들이다. 지금 이 글을 어린 학생이 읽고 있다면, 그 학생은 또 묻고 싶을 것이다. 초야가 뭐예요? 그럼 나는 이렇게 대답하련다. "스마트폰에서 '초야'를 검색해보렴. 국어사전

---

52) 이목 저, 최영성 편역, 《국역 한재집》, 문사철, 2012, 423쪽.
53) 이목 저, 최영성 편역, 《국역 한재집》, 문사철, 2012, 436쪽.

에 연결된단다. 국어사전 자주 보면 공부도 더 잘하게 돼. 정말이야."

1489년(성종 20), 19세 청년 이목은 진사시에 급제한다. 소과인 생원시나 진사시에 합격하면 성균관에 입학할 자격을 얻게 되고, 또 대과(문과)에 응시할 수 있게 된다. 성균관에 입학한 이목, 자의 반 타의 반 성균관의 대표 인물이 된다. 세상의 주목을 받기 시작한다.

어느 날, 성종이 몹시 아팠다. 어머니인 인수대비(소혜왕후)가 아들 걱정에 무당들을 불렀다. 이 무당, 저 무당이 반궁(泮宮, 성균관)에서 귀신이 붙어서 임금이 병이 난 거라고 아뢴다. 그래서 대비는 성균관 벽송정에서 풀라고 했다. 굿을 하게 한 모양이다. 이목이 동료들과 달려가 내쫓았다. 굿판은 난장판이 됐다.

무당들이 대비에게 고했다. 화가 난 대비가 성종에게 이 사실을 알렸다. 화가 난 성종이 관련 학생들 명단을 올리라고 명했다. 겁먹은 학생들이 달아났다. 이목은 달아나지 않았다. 홀로 자리를 지켰다. 그 당당함, 이목의 이름이 성균관은 물론 임금과 조정 신하들에게까지 제대로 알려지는 계기였다.

사실 성종은 화가 난 것이 아니었다. 화난 척했던 거다. 성균관 대사성을 불렀다. 대사성은 성균관에서 실제로 제일 높은 사람이다. 지금으로 치면 서울대학교 총장쯤 될 게다. 성종은 대사성을 칭찬했다고 한다. 애들 잘 가르쳤다고.

아, 이제 이목은 평생 최고의 악연과 엮이게 된다. 영의정 윤필상이다. 대학생과 국무총리의 싸움인 셈이다. 가뭄이다. 가혹하다. 이목은 상소를 올렸다. "윤필상을 팽형(烹刑)에 처해야만 하늘에서 비가 내릴 것입니다." 팽? 토사구팽의 그 팽? 그렇다. 끓는 물에 삶아 죽이라는 얘기다. 참으로 과감하다. 많은 이가 지금도 이목의 결기를 칭찬한다.

하지만, 이 부분에서 나는 생각이 좀 다르다. 이목이 너무 나간 것 같다. 벗들끼리 모여 사적으로 하는 얘기라면 모를까, 임금에게 올리는 상소에 '팽형'을 쓰다니. 싸움에도 최소한의 격과 예의가 필요하지 않을까. 당시 이목은 20대, 아직은 성균관 학생이다. 윤필상은 60대, 현역 영의정이다. 오죽했으면 그랬겠냐고? 그래, 그럴 수도 있겠네. 나도 이제 꼰대인가보다.

윤필상도 보통 아니다. 길에서 우연히 이목을 만났다. 이목에게 윤필상이 했다는 말, "그대가 꼭 이 늙은이의 고기를 먹어야만 하겠는가?" 내가 만약 윤필상이라면, 그냥 못 본 척, 외면하고 갔을 것이다. 마음 같아서는 "야 이놈의 자식아, 뭐 팽형? 아이구 이걸 그냥 콱!"하고 싶지만, 체면상, 흠흠. 아무튼, 윤필상이 이렇게 묻자 이목은 머리를 처든 채 뒤도 돌아보지 않고 갔다고 한다.

이목은 윤필상에게 왜 그랬을까. 영의정 윤필상이 워낙 잘 못 해서 그랬다. 그동안도 이런저런 잡음이 많았다. 재물 욕심도 많고 흠결도 많고. 시전 상인이 윤필상의 재물 증식(增殖)을 비판하는 투서를 한 적이 있는데[54], 이로 보아 그들 시전 상인에게서도 뇌물을 받았던 것 같다.

이목은 어려서부터 아첨과 맹목적 순종을 혐오했다. 그런데 윤필상이 딱 그 스타일, 아첨과 순종형이었던 모양이다. 이목은 나라의 정치가 잘 되려면 영의정 같은 높은 자리에 현인(賢人)이 앉아야 한다고 생각했다. 정성을 다해 현인을 찾는 것이 임금의 역할이라고 여겼다. 위에 현인이 있으면 그 아래 현인들이 모여들게 되고 그러면 정치가 잘 될 수밖에 없다는 것이다. 이목이 생각하는 현인은 당연히 사림이다. 이목 등 사림에게 윤필상은 현인이 아니다. 훈구다. 청산되어야 할 '적폐'였다.

그런데 이목은 윤필상을 왜 하필 삶아 죽이라고 했을까. 졸고 있는

---

54)《성종실록》16년(1485) 7월 17일.

갈매기가 깰까 봐 소리도 못 내고 조심하던 사람이 이목인데, 그런 끔찍한 말을 한 이유가 뭘까. 일종의 상징적 행동이 아닐까 싶다. 다음 사료를 보자.

> 함경감사 조윤대가 단천부사 김석형이 탐오하여 불법한 짓을 저질 렀는데 각 항의 횡령한 돈이 … 라고 장계하였다. 이때 이르러 비국 (비변사)에서 아뢰기를, "탐오한 관리의 해(害)가 본래 재변을 부르 는 근본이 되는 것이므로 옛날에도 상홍양을 팽형에 처해야 하늘이 비를 내린다는 말이 있었습니다. 상홍양은 한조(漢朝)의 대신으로 공실을 위하여 세금을 마구 거두어들여서 이런 가뭄을 겪게 했는 데, 팽형에 처해야 한다고 모두 말하였습니다."55)

단천부사 김석형이 얼마나 횡령했는지, 중국사람 상홍양이 어떤 인물인지는 그냥 묻어 두자. 고관의 탐욕스러움이 가뭄을 부르니, 그런 죄인을 팽형에 처해야 비가 온다는 인식이 있었다는 점만 가져오자. 이목은 성리학뿐 아니라 역사에도 조예가 깊었다. 상홍양 등의 사례를 당연히 알고 있었을 것이다. 그래서 윤필상을 팽형에 처하자고 한 것 같다. 정말로 죽이라는 얘기는 아니었을 것이다.

팽형은 법에 정해진 사형법일까? 그렇지 않다. 참형과 교수형 정도가 법에 따른 사형법이다. 조선시대에 시행된 적이 있을까? 그런 모양이다. 실제로 사람을 삶아 죽이는 건 아니고, 그런 형식만 취하는 형벌이었던 것 같다. "가마솥은 실제로는 끓이는 척만 할 뿐 안은 비어 있고 심지어 뜨겁지도 않았다. 가마솥에 들어갔다 나온 사람은 죽은 시체처럼 들것에 실려서 집으로 돌아가고 장례식이 치러진다. 이후로 그 사람은 살아 있긴 하지만 사회적으로 죽은 사람으로 취급받고 공적인 활동

---

55) 《순조실록》 9년(1809) 6월 17일.

도 불가능하다. 진짜로 삶아 죽이지는 않지만, 사회적으로 완전히 매장해 버리는 것이다."[56]

– 너무 빨리 핀 꽃 한 송이

1492년(성종 23) 22세 이목, 여전히 성균관 학생이다. 성종은 백성들이 자유롭게 승려가 되지 못하도록 통제하는 좀 더 강력한 지침을 마련했다. 조선은 유교를 숭상하고 불교는 억압하는 나라다. 성종도 충실히 숭유억불의 길을 갔다. 그런데 어머니 인수대비가 반대하고 나서면서 상황이 복잡해졌다. 어머니 뜻을 따르는 것이 효인지, 거부하는 것이 효인지, 성종도 헷갈렸을 것이다.

조선 왕조가 억불정책(抑佛政策)을 표방했으나 왕실 여인들은 여전히 불교를 받들었다. 왕 처지에서는 참 곤란한 일이다. 어머니가 "네아버지의 명복을 빌고 네가 건강하게 왕 노릇 잘하기를 부처님께 비는것이다." 이런 식으로 말하면, 그걸 강력하게 막을 도리가 없는 것이다. 그래서 그냥 모르는 척 묵인하고 넘어가는 것이 보통이었다.

대비 등 왕실 여인들도 왕의 통치에 부담이 가지 않도록 조심하며 신중하게 불교를 믿었다. 그래서 신하들도 웬만하면 모르는 척했다. 그런데 성종의 어머니는 달랐다. 처음에는 조심스러웠지만, 점점 목소리를 높였다. 성종과 조정의 불교 억압책에 공개적으로 반대하고 나섰다. 신하들의 반발이 거세졌다. 신하들은 인수대비의 언행을 성종의 통치권에 대한 간섭으로 인식하기도 했다. 갈등의 중심에 도첩제가 있었다.

도첩은 나라에서 발급하는 승려 신분증이다. 승려의 수를 억제하려는 조치다. 성종은 이 도첩제를 아예 폐지해서 합법적으로 승려가 되는

---

56) 노혜경, '탐관오리를 삶아 죽여라?', 동아비즈니스리뷰210호, 2016.10.

길을 막으려고 했다. 이때 윤필상이 소신 없이 행동했다. 처음에는 성종의 뜻을 따라 도첩제 폐지를 말하다가 나중에는 대비를 따라 도첩제 유지로 말을 바꿨다. 신하들이 반발했다.

> 전하께서 이 법을 행하려고 하시면 대신이 따라서 좋다고 말하고
> 이를 폐하려고 하시면 대신들이 또 따라서 좋다고 하니, 이는 일의
> 옳고 그름은 헤아리지 아니하고 오직 임금의 뜻이 향하는 바에만
> 따르는 것이니 어찌 대신 될 도리라 하겠습니까?[57)

성종도 힘들었다. 도첩제를 폐지하려다가(실록에는 금승법(禁僧法)이라고 나온다) 어머니 뜻에 따라 취소하려고 했는데 신하들이 격하게 반대하고 나선 것이다. 이목도 나섰다. 말을 돌리지 않는다. "나라 사람들이 윤필상을 '간사한 귀신'이라고 지목하는데 전하께서만 홀로 충성스럽다고 여기시는 것입니까?" 임금을 직접 겨눴다. 그리고 묵직한 한 방, "전하께서는 허물은 대비에게 돌리시고 비방은 대신에게 돌려서 스스로 허물을 면하려고 하시는 것 아닙니까?"[58)

성종은 성군(聖君)이라는 평을 듣는다. 사림들을 적극적으로 등용해서 그들에게 힘을 실어주고 임금과 훈구 신하들의 잘못을 제대로 비판할 수 있도록 길을 터준 임금이다. 그러나 그도 인간이다. 화가 났다. 자신에 대한 비판도 그렇지만, 영의정을 간귀(奸鬼), 간사한 귀신으로 몰아붙인 건, 너무 심하다고 여겼다. 그래서 이목에게 어찌하여 그가 간사한 귀신이냐고 물었다. 이목이 글을 올려 대답했다.

윤필상은 욕심이 많고 마음이 흐려 재물을 늘리므로 비판받은 게

---

57) 《성종실록》 23년(1492) 12월 1일.
58) 《성종실록》 23년(1492) 12월 4일.

한 번이 아닌데, 하물며 이제 뜻을 맞추려고 힘을 쓰고 아첨하여 기쁘게 하며 성상을 불의로 인도하므로 이를 간사하다고 이르는 것이고, … 행하는 바가 이와 같은데도 사람들이 알지 못하게 하니 이를 귀신이라고 이르는 것입니다.[59]

살아 있는 사람을 귀신이라고 칭한 것은 "행하는 바가 이와 같은데도 사람들이 알지 못하게" 해서 그랬다는 것이다. 우리가 흔히 "와, 귀신같네."라고 할 때의 그 귀신이라는 의미인 것 같다. 그러자 성종이 이렇게 반박한다.

아첨하여 기쁘게 하며 대비의 뜻에 억지로 따른다는 것을 간교하다고 한다면, 이극배와 노사신도 이 의논에 참여하였는데 어찌하여 홀로 윤필상만 지적하는가? 또 이것이 어찌 간교함이 되겠는가? 행동하는 바가 이와 같으면서도 사람들이 알지 못하게 하는 것을 귀신이라고 이른다면 이극배와 노사신도 역시 귀신인가? … 이는 대신이 도리어 유생 밑에 있는 것이다.[60]

그리고 성종의 마지막 한 마디. "이목 등을 의금부에 가두어라." 이목과 심순문 등 8명의 성균관 학생이 의금부로 붙들려 갔다.

붙잡혀간 이목이 어떻게 되었을지는 잠시 접어두겠습니다. 도첩제는 결국 폐지되었습니다. 그러나 이후에도 부활과 폐지가 반복됩니다. 백성들이 승려 되는 길을 막아버린 것은 국가 재정 확보와도 관련이 있습니다. 백성은 군역의 의무가 있고, 또 각종 세금을 납부합니다. 그런데 출가하는 백성이 많아지면, 그만큼 세금 수입이 줄어들고 군역 대상자도 감소합니다.

---

59) 《성종실록》 23년(1492) 12월 4일.
60) 《성종실록》 23년(1492) 12월 4일.

인수대비는, 백성이 승려의 길로 들어서는 것은 그만큼 나라 정치가 잘못됐기 때문이다, 정치를 잘해서 백성을 잘살게 하면 구태여 누가 스님이 되려고 할 것인가, 비판하기도 했습니다. 불교를 억압하기 전에 백성부터 돌봐라, 그러면 자연히 승려의 수도 줄어들게 될 것이다, 이런 논리입니다.

여기쯤에서 조선 행정 조직의 특징을 개괄적으로나마 살펴보는 것이 좋을 것 같습니다. 제일 높은 관청이 의정부입니다. 의정부의 중심은 영의정·좌의정·우의정입니다. 이들을 정승이라고 부릅니다.

의정부 아래 6조가 있습니다. 이조·호조·예조·병조·형조·공조 입니다. 수장은 판서입니다. 이조는 관리 임명 등 인사권을 가진 곳이 고 호조는 재정 업무를 담당합니다. 예조는 각종 의식과 교육 그리고 외교 활동을 담당합니다. 병조는 국방, 형조는 형벌, 공조는 토목과 건축 담당 관서입니다. 대신(大臣)이라고 하면 보통 판서급(2품) 이상 을 가리키는 것으로 보면 됩니다.

조선 행정 구조의 독특함은 삼사에 있습니다. 사헌부·사간원·홍문 관을 삼사라고 합니다. 사헌부는 관리 감찰 기구입니다. 수장은 대사헌 입니다. 사간원의 중요 업무는 간쟁입니다. 수장은 대사간입니다. 간쟁 이란 임금 잘못을 공개적으로 비판하고 수정을 요구할 수 있는 권한을 말합니다. 임금은 이들을 원칙적으로 처벌할 수 없습니다. 그런데 간쟁 등의 권한이 사헌부와 홍문관에도 부여됐습니다. 임금의 잘못을 공개 적으로 비판할 수 있으니 신하들의 잘못도 당연히 지적할 수 있었지요. 한편 사헌부와 사간원만 따로 떼어 양사라고 했습니다. 양사에 소속된 관원을 보통 대간(臺諫)이라고 불렀습니다.

삼사에 배치된 하위직 젊은 신하들이 각 부서의 고위직 관료와 임금 의 잘못을 지적하고 비판하는 데 제약이 거의 없었습니다. 이조판서도 영의정도 삼사 관리들에게 책잡히지 않으려고 조심할 수밖에 없는 구조입니다.

삼사가 순수한 사명감으로 간쟁하게 되면 왕권의 지나친 비대화를 막을 수 있습니다. 왕의 잘못된 결정으로 나라가 혼란스러워지는 것을 예방할 수 있습니다. 더하여 조정 관료들의 비리와 부정부패를 상당 부분 제어할 수 있습니다. 한마디로 소금 같은 역할을 수행 한 것입니다. 그러나 삼사의 비판 권한이 일부 세력의 이익을 위해 상대 세력을 공격하는 수단으로 변질되면 정치가 망가집니다. 탁해집니다. 소금이 독이 되는 것이지요.

이목이 옥에 갇히자 그를 풀어달라는 상소가 거듭된다. 성균관 학생들은 자신들도 감옥에 들어가겠다는 상소를 올리기도 했다. 열흘 정도 지나서 성종은 이목을 풀어주라고 했다. 이목은 성균관으로 돌아갔다.

해가 바뀌었다. 때는 1493년(성종 24) 10월, 이목이 사신단의 일행으로 중국 명나라에 갔다. 학생이 어떻게? 당시 사신단의 대표가 김수손. 이목의 장인이다. 장인의 수행원 자격으로 가게 된 것이다. 돌아온 것은 다음 해 봄이었다. 그해, 1494년 12월에 성종이 세상을 떠났다. 불교식 제례가 추진됐다. 대간 등의 반대 상소가 거듭됐다. 이목도 상소를 올렸다. 내용이 상당히 과격했던 것 같다. 그 일로 이목은 공주로 귀양 가게 됐다. 1495년(연산군 1) 1월의 일이다. 성균관 유생, 그러니까 학생의 신분으로 이렇게 주목받았던 인물이 또 있었을까 싶다.

이목은 왜 이렇게 불교에 비판적인 걸까. 이목뿐이 아니다. 거의 모든 관료가 불교에 비판적이었다. 그래야 했다. 조선은 성리학의 나라다. 성리학은 주자가 집대성한 신유학이다. 주자는 불교를 맹렬하게 비판했다. 불교는 임금과 신하의 도리, 부모와 자식의 도리를 저버린, 한 마디로 인륜을 포기한 종교라는 것이다. 주자를 충실히 따르는 성리학자들 관점에서 불교는 사라지는 게 마땅했다. 그런데 인간은 종교 지향적이다. 유학은 종교성이 약하다. 탄압 속에서도 불교가 존속된 이유다.

　이목이 공주에서 귀양살이하고 수개월이 흘렀다. 신하들이 연산군에게 이목 등을 풀어 주라고 요청했다. 홍문관 소속 관리 박억년은 "요즘 살펴보면, 전하께서 누구나 상소할 적에 과격한 말이 있으면 적발해서 국문하는데, 이것은 임금의 큰 허물입니다."라고까지 했다. 연산군은 어떻게 대응했을까? 가만히 듣고 있던 연산군이 이렇게 대답했다. "유생이 벌을 받은 지 오래되었으니, 반드시 징계됨이 있었을 것이다. 놓아주어라."[61] 이리하여 이목은 유배에서 풀려났다. 연산군이 처음부터 폭군은 아니었다. 지극히 상식적인 군주였다.

　롤러코스터를 탔다고 해야 하나. 1495년(연산군 1) 5월에 유배 풀린 이목이 그해 10월에 시행된 문과에 급제해버렸다. 그것도 1등, 장원급제다. 25세 때다.[62] 대과인 문과는 1차(초시), 2차(회시), 3차(전시), 이렇게 세 단계로 시험을 치른다. 2차에서 33명을 뽑는다. 마지막 3차는 임금이 직접 주관하는데 탈락자는 없다. 33명의 순위만 결정한다.

　이목의 장원급제 의미를 살펴볼 필요가 있겠다. 두말할 것도 없이 학문과 문장 능력이 출중하여 1등으로 뽑혔다. 그런데 그간 얼마나 많이 찍혔나. 많은 고관이 눈엣가시처럼 이목을 미워했다. 그런데도 33명의 합격자로 선발했다. 당시 관리 선발 시스템의 건전성을 보여준다. 연산군은 어떤가. 이목을 귀양까지 보냈었다. 재주에 비해 덕이 부족하다고 이목을 비판했던 연산군이다. 그런데 장원으로 그의 글을 뽑았다. 인재를 선별하고 아낄 줄도 알았던 것이다. 처음에는.

　이목은 이제 관직에 나아갔다. 성균관에서 근무하게 되었다. 그런데 그가 처음 받은 관직인 성균관 전적(典籍)은 정6품 자리이다. 과거에 합격하면 대개 맨 아래 9품부터 시작한다. 6품까지 승진하려면 오랜

<hr>

61) 《연산군일기》 1년(1495) 5월 22일.
62) 이목 저, 최영성 편역, 《국역 한재집》, 문사철, 2012, 474쪽.

세월이 걸려야 했다. 그런데 장원으로 급제하면 6품 벼슬부터 시작하는 게 원칙이다. 장원급제자에 대한 예우였다. 1496년(연산군 2)에는 영안남도(함경남도) 병마평사가 되었다. 다음 해인 1497년(연산군 3), 27세 때는 '사가독서'의 영예까지 안았다.

자, 가정합니다. 당신은 책 읽는 걸 아주 좋아합니다. 그런데 직장 일이 너무 바빠서 책 펼칠 시간조차 없습니다. 집까지 일거리를 싸들고 가는 날이 태반입니다. 소모되는 느낌, 방전되는 느낌적인 느낌. 슬픕니다. 성장은커녕 퇴보하고 있는 것 같습니다.

어느 날 사장님이 부릅니다. 긴장해서 갔더니 사장님이 이렇게 말합니다. "이제 출근하지 말고 집에서 쉬면서 보고 싶은 책이나 실컷 봐. 자르는 거 아니니까 쫄지 말고. 한 6개월 정도 그냥 공부나 해. 봉급? 걱정하지 말아. 100% 다 지급해 줄게. 왜 그러냐고? 자네는 우리 회사의 미래야. 지금 난 자네에게 투자하는 거야."

어때요. 만약 이런 제안을 받는다면 정말 좋겠지요. 6개월 유급휴가보다 더 행복한 것은 우리 회사의 미래로 인정받았다는 사실! 그런데 실제로 이런 비슷한 명령을 내린 이가 있습니다. 사장은 아니고 조선시대 임금.

> "내가 너희들에게 집현관을 제수한 것은 나이가 젊고 장래가 있으므로 다만 글을 읽혀서 실제 효과가 있게 하고자 함이었다. 그러나 각각 직무로 인하여 아침저녁으로 독서에 전심할 겨를이 없으니, 지금부터는 본전(本殿)에 출근하지 말고 집에서 전심으로 글을 읽어 성과를 나타내어 내 뜻에 맞게 하고, … ."[63]

세종입니다. 집현전의 젊은 관료 몇을 불러서 이렇게 명했던 겁니다.

---

63) 《세종실록》 8년(1426) 12월 11일.

이후 공식적인 제도로 정착되니 사가독서(賜暇讀書)라고 합니다. 사(賜)는 주다, 라는 뜻입니다. 가(暇)는 틈이라는 뜻이고요. '휴가' 할 때의 그 '가'입니다. 틈을 주고 즉 휴가를 주고 독서하게 한다는 의미입니다.

처음에는 각자의 집에서 공부하게 했지만, 나중에는 별도의 공부방을 나라에서 만들어 줍니다. 정치 상황에 따라 중단되곤 했지만, 영조 때까지 이어집니다. 1426년(세종 8)부터 1773년(영조 49)까지 총 48차례에 걸쳐서 320명이 사가독서의 혜택을 입었다고 합니다. 영조 때까지 시행했다면 정조 때는 폐지했다는 얘기겠죠? 그렇습니다. 정조는 사가독서를 폐지하고 대신 관리를 재교육하는 초계문신(抄啓文臣) 제도를 시행합니다.

이목이 사가독서를 했습니다. 대단한 영예입니다. 그냥 휴가를 받아서만이 아닙니다. 사가독서는 엄격하게 선발된 소수의 인재에게 주는 특혜입니다. 여기에 선발됐다는 것은, 앞으로 나라를 이끌어 갈 재목으로 인정받았다는 의미입니다. 한마디로 '출세'가 보장된다는 얘기죠. 그러나 여기까지였습니다. 서서히 먹구름이 밀려옵니다. 이목이 살아서 맞는 마지막 해, 1498년(연산군 4) 무오년입니다.

- 아, 조의제문

사화는 조선 전기, 갈등을 겪던 훈구와 사림의 충돌로 말해진다. 그러나 그 내면은 더 다양하고 복잡하다. 크게 보아 네 차례 벌어졌다. 연산군 때 두 번, 무오사화(1498)와 갑자사화(1504)가 있었고, 중종 때는 조광조의 개혁 정치가 배경이 된 기묘사화(1519)가 일어났다. 명종 때 을사사화(1545)가 터졌다. 이 가운데 이목과 관련된 사화가 바로 무오사화다.

1498년(연산군 4), 무오년에 벌어진 사화는 훈구파와 사림파의 갈등을 이용해서 연산군이 사림 세력을 숙청한 사건으로 볼 수 있다. 《성종실록》을 편찬하면서 일이 터졌다. 편찬에 참여한 이극돈이 예전에 사관이었던 김일손이 써둔 사초를 검토하다가 자신의 비리를 지적한 글을 보게 되었다. "정희왕후의 상(喪)을 당하여 장흥의 관기(官妓) 등을 가까이한 일"[64]을 김일손이 기록해 둔 것이다. 세조의 왕비이자 덕종·예종의 어머니인 정희왕후 상중에 이극돈이 기생을 품었던 모양이다. 각별히 근신해야 할 국상(國喪) 중에 해서는 안 될 일이었다. 이극돈은 이 기록을 삭제하려고 하다가 실패한 것 같다.

이에 대한 보복으로 김일손의 사초 가운데 문제 삼을만한 내용을 찾았다고 한다. 김일손에게 타격을 가할 수 있는 굵직굵직한 내용을 발견했다. 그걸 가지고 유자광과 상의했다. 어떻게 해야 할지. 그들은 연산군에게 김일손의 사초 내용을 보고하게 된다.

문제가 된 내용은 세조를 직간접적으로 비판한 것들이다. 이개·박팽년·하위지 등 사육신에 포함된 인물들에 대한 기록, 세조가 아들 덕종의 후궁들을 취하려 했다는 내용, 〈조의제문(弔義帝文)〉 등이다. 특히 문제가 된 것은 사림의 거두, 김종직이 쓴 〈조의제문〉이다. 김일손이 스승 김종직의 〈조의제문〉을 사초에 옮겨 적어 두었던 것이다. 실록에 실릴 수 있게 하려는 거였다.

항우가 초나라 회왕 즉 의제를 죽였는데, 그 의제를 기리는 글이 〈조의제문〉이다. 겉으로는 중국 인물들을 다룬 글이나, 사실은 항우를 세조, 의제를 단종에 빗댄 것이라고 한다. 세조의 왕위 찬탈을 비판한 것이다. 연산군은 세조의 후손이다. 결국 현재 임금 연산군의 정통성까지 문제 삼는 글로 확대 해석될 수 있었다.

왕권 강화에 걸림돌이 되는 사림세력을 정리하려던 연산군, 그에게

---

64) 《연산군일기》 4년(1498) 7월 12일.

〈조의제문〉은 좋은 빌미가 되었다. 사림세력의 비판으로 곤경에 처한 훈구세력도 생각이 같았다. 칼부림이 다가오고 있었다. 여기에 이목도 엮였다. 단지 김종직의 제자요, 김일손과 동문이라서 그랬던 것은 아니다.

이때 이목도 《성종실록》 편찬에 참여하고 있었다. 스승 김종직의 글이 실록에 들어가게 하려고 애쓰고 있었다. 역시 실록 편찬에 참여한 성중엄이 김일손의 사초를 배당받았다. 성중엄이 이목에게 김일손의 사초 가운데 실록에 기록하기 곤란한 내용이 많다고 말했다. 그러자 이목이 "네가 만약 기록하지 않는다면, 나는 마땅히 네가 기록하지 아니한 사실을 써 놓겠다."[65]라며 압박하기도 했다.

> "무릇 〈김종직의〉 제자라 하는 자는 모조리 구금하여 국문하는 것이 어떠하냐?" 하매, 윤필상이 아뢰기를, "성상의 하교가 지당하시옵니다." … 하매, 마침내 잡아가두었다.[66]

결국, 이미 고인인 김종직은 부관참시에 처해졌다. 관을 열어 시신의 목을 베는 형벌이다. 항우가 의제를 시해한 일에 가탁하여, 선왕(先王)을 헐뜯은 죄, 대역죄였다. 김일손도 대역죄로 찍혀 능지처사 되었다. 이목은 난언절해죄(亂言切害罪)로 참형 당해 죽었다.

'난언절해'는 "증거 없는 말을 가지고 윗사람의 인격과 명예를 침범하고, 사건 관련자들의 정리(情理)를 끊거나 해쳤다는 말이다."[67] 무오사화 때 처벌받은 이는 모두 52명이다. 그 가운데 사형은 6명, 유배 31명, 파직이나 좌천 15명이다.[68] 사형된 이는 김종직 사람들이었다.

---

65) 《연산군일기》 4년(1498) 7월 24일.
66) 《연산군일기》 4년(1498) 7월 17일.
67) 이목 저, 최영성 편역, 《국역 한재집》, 문사철, 2012, 486쪽.
68) 박범, 〈조선시대 사림세력 형성의 역사적 배경〉, 《국학연구》제19집, 2011, 20쪽.

몇 년 후 연산군은 다시 사화를 일으킨다. 갑자사화(1504)다. 이때 이목이 또 죽임을 당한다. 부관참시 되었다. 갑자사화 때 부관참시당한 인물 가운데 남효온도 있다. 소릉 복위 요청을 다시 문제 삼아 이런 벌을 내린 것이다.

윤필상은 이목과 함께 남효온도 미워했다. 《연산군일기》 5년(1499) 10월 7일 기록에 의하면, 연산군이 우리나라의 글 잘하는 사람의 시문(詩文)을 선별해 책으로 인쇄하도록 명했다. 남효온의 글도 뽑혔다. 그런데 윤필상이 남효온의 글은 인쇄하면 안 된다며 반대했다. 사관은 윤필상이 김종직을 증오하여 그의 제자인 남효온까지 싫어했다고, 그래서 인쇄를 막았다고 평했다. 《연산군일기》도 실록인가? 그렇다. 폐위된 연산군과 광해군 실록은 《연산군일기》, 《광해군일기》로 격을 낮춰 불렀다.

이목의 생이 이렇게 끝났습니다. 억울한 죄는 연산군이 폐위되고 중종이 즉위하면서 풀립니다. 이후 이조참판에 추증되고, 또 한참 뒤에 이조판서에 추증되고, 정간이라는 시호까지 받습니다. 그렇습니다. 이목은 조선 지식인들의 기억 속에 영원히 살았습니다. 영조 임금조차도 이목의 패기를 그리워했습니다.

지금 대통령 옆에 이목 같은 인물이 있는지 모르겠습니다. 요리조리 통밥 굴리지 않고, 목에 칼이 들어와도 해야 할 말은 할 수 있는 그런 인물 말입니다. 있었으면 좋겠습니다. 영조가 신하들에게 물었습니다. "태학(성균관)에 예전에 이목이 있었거니와, 내 이목(耳目)에도 이목 같은 자가 있는가?"[69]

그런데 말입니다. 이리 보아도 저리 보아도, 이걸 읽어도 저걸 읽어도 훈구는 다 나쁜 사람이고 사림은 다 좋은 사람입니다. 훈구파는

---

69)《영조실록》영조대왕행장.

절대 악이고 사림파는 절대 선입니다. 실록의 내용도 대개 그렇습니다. 그런데 이후의 실록을 쓴 그 사람들이 사림입니다. 훈구의 나쁜 점을 강조해서 더 부각했을 수 있습니다. '절대 악'에도 '절대 선'에도 거품이 있다고 생각합니다.

가만, 윤필상은 어떻게 되었을까요. 끝이 안 좋았습니다. 갑자사화 (1504) 때 귀양지에서 자결했습니다. 죽임을 내리는 연산군의 글을 받아 읽고는 갖고 있던 독물을 마셨습니다. 숨이 끊어지지 않자 스스로 목매어 죽었다고 합니다.

연산군이 윤필상을 죽인 것은 20여 년 전, 윤필상이 했던 이 말 한마디가 발단이었습니다. "마땅히 대의(大義)로써 결단을 내리어 일찍이 큰 계책을 정하셔야 합니다."[70] 갑자사화의 표면적인 이유는 폐비윤씨 사건이지요. 연산군의 어머니 폐비윤씨는 질투가 지나치게 심했다고 합니다. 그래서 폐위되었다가 사약을 받고 죽었습니다.

사사(賜死)를 명하기 전, 성종은 고위 관료들을 모아놓고 윤씨에게 사약을 내릴지 말지 상의하게 했습니다. 어떤 이는 찬성, 어떤 이는 반대. 윤필상이 찬성하는 의도의 발언을 한 것입니다. 그랬던 윤필상이 연산군 재위 10년째인 1504년(갑자년)에는 폐비윤씨에게 시호(諡號)와 능호(陵號)를 올리자고 건의합니다. 왕후로 추존하자는 의미입니다. 연산군은 그리하라고 했습니다. 윤필상은 제헌(齊獻)'이라는 시호와 '회릉(懷陵)'이라는 능호를 지어 바칩니다. 대단한 처세술입니다.

그런데 연산군이 다 알아버렸습니다. 어머니를 죽이라고 한 이들 가운데 한 명이 윤필상이라는 것을. 연산군은 폐비윤씨 사건에 연루된 이들을 모두 죽였습니다. 실록에 의하면, 윤필상은 죽음 이후가 더 참혹합니다. 연산군은 그의 시신을 토막 내게 합니다. 몇 개월 뒤 다시

---

70) 《성종실록》 13년(1482) 8월 16일.

명령합니다. "뼈를 태워 바다 위에서 바람에 날리라."71)

▲ 한재당

<hr>

71) 《연산군일기》 11년(1505) 3월 24일.

06 정치 변동의 씨앗, 심연원

신도비(神道碑)는 보통 2품 이상의 고위 관리 묘역에 세운 묘비입니다. 주인공의 가계와 일생을 정리하여 기록합니다. 통진읍 옹정리에 심연원 신도비와 심강 신도비가 있습니다. 큰길에서 가깝지만, 소중하게 숨겨둔 듯 잘 보이지 않는 자리입니다. 두 신도비 가까이에 묘소가 있습니다. 한 공간에 심순문 · 심연원 · 심강을 모셨습니다. 심순문의 아들이 심연원이고 심연원의 아들이 심강입니다.

심강 신도비는 전체 높이가 362㎝입니다. 그 모양새가 여느 신도비와 아주 다릅니다. 신도비는 이수 · 비신 · 귀부 이렇게 세 부분으로 구조를 나눕니다. 글을 새긴 비석을 비신(碑身)이라고 합니다. 비신 위에 얹은 지붕돌이 이수(螭首)입니다. 비신과 일체로 용 같은 형상을 조각하기도 합니다. 비신의 받침돌은 대개 거북 모양입니다. 이를 귀부(龜趺)라고 합니다.

귀부의 거북은 비신과 같이 정면을 향하기 마련입니다. 그런데 심강 신도비 거북은 옆으로 앉았습니다. 목을 길게 빼서 뒤를 돌아보는 모습입니다. 뭐랄까, 꿈틀거리는 생기를 느끼게 합니다. 여기 가시면, 심강 신도비 귀부와 심연원 신도비 귀부를 비교해보시기 바랍니다.

이제 심연원을 중심으로 그의 가계를 살펴보려고 합니다. 대대로 명성 있는 집안이라 그렇지만, 심연원의 손자인 심의겸을 통해 당시의 정치상을 소개하려는 생각 때문입니다. 심의겸 당대에 이른바 '당쟁'이

라는 것이 시작됩니다. 사림이 동인과 서인으로 나뉘는 한 계기가 심의
겸이었습니다.

– 겸, 겸의 의미

심연원(沈連源, 1491~1558), 호는 보암(保庵), 자는 맹용(孟容), 시호
는 충혜(忠惠)이다. 아버지는 심순문, 어머니는 신영석의 따님이다. 아
버지 심순문은 이목과 행동을 함께했던 인물로 연산군 조정에서 직언
하다 갑자사화 때 죽임을 당했다.

심연원은 1522년(중종 17), 32세 때 문과에 급제했는데 33인 중 5위
였다. 내외 관직을 두루 거쳐 1545년(명종 즉위년)에 호조판서가 되었
다. 이후 우의정, 좌의정을 거쳐 1551년(명종 6년)에 영의정에 올랐다.

> "유학(幼學) 심강의 딸을 경원대군의 부인으로 삼을 것이니 내 뜻을
> 받들라."[72]

1542년(중종 37), 임금은 승정원에 이렇게 명했다. 심강(1514~1567)
의 딸, 그러니까 심연원의 손녀를 며느리로 삼겠다는 것이다. 이때 심연
원은 형조참판이었는데 임금 중종과 사돈이 되었다. 이후 경원대군이
명종으로 즉위하고, 심강의 딸이 왕비가 되니, 인순왕후이다. 명종이
즉위하면서 심강을 영돈녕부사 청릉부원군으로 삼았다. 왕비 아버지에
대한 관례이자 예우였다. 심강 아들은 심의겸, 심충겸 등 8명이다. 한편
명종이 즉위하자, 조정에 있던 심연원은 몸가짐을 더욱 조심했던 것
같다. 임금이 내 손녀사위다, 뻐기지 않았다.

> 우찬성 심연원이 아뢰기를, "… 외척은 의당 한산한 직에 두어서

---

72)《중종실록》37년(1542) 11월 19.

▲ 심강 신도비

녹봉만 잃지 않게 하는 것이 옳습니다. 갑자기 중한 자리에 있게 되면 어찌 물의가 없겠습니까. 보전하는 방도가 아닙니다."하니, 전교하기를, "경은 여러 조정에서 벼슬을 하였으나 별다른 물의가 없었다. 옛날부터 인품과 능력만 합당하다면 외척이라고 해서 혐의를 두지 않았으니, 아무리 중한 자리에 있더라도 그 소임만 다한다면 보전하지 못할 걱정이 무엇이 있겠는가. 사직하지 말라."하였다. 세 번 사직하였으나 윤허하지 않았다.73)

외척에게는 중요한 자리를 주면 안 된다, 그냥 적당히 봉급이나 받아먹는 한직을 주는 게 옳다, 나는 능력도 없는데다가 외척이기도 하니 의정부 우찬성을 그만두게 해 달라. 심연원이 중종에게 이렇게 청했다. 진심인지, 의례적인 행동인지 정확히 알 수 없으나, 최소한 외척의 폐단을 만들지 않으려는 의지를 확인할 수 있다. 매우 바람직한 처신이었다.

심연원은 왕비의 조부로서 정승의 지위에 있었다. 그러나 사람됨이 공손하고 근신하며, 공평하고 정직하여, 상에게 과실이 있으면 번번이 은밀히 상소하여 간절하게 간하였으므로, 상이 그것을 매우 꺼려 늘 말하기를 '심정승은 지나치게 강직하다.' 하였다. … 아들 심강은 비록 왕비의 아버지로 높은 지위에 있었으나 늘 겸손하고 두려워하였으며, 또 착한 사람을 아끼고, 곤궁하거나 재앙을 만난

73)《명종실록》3년(1548) 4월 18일.

사람을 보면 힘을 다하여 구제하였다. 손자 심의겸도 착한 것을
좋아하고 악한 것을 미워하였으며 그 아비를 도와서 당시의 어려운
일을 많이 처리하였으나, 무게 있고 치밀하여 스스로 자랑하지 않
았으므로 아는 이가 적었다. … 다만 심연원과 심강은 산업 경영[營
産業]하는 것을 면하지 못하였으므로, 그를 좋아하지 않는 자가
이것을 구실로 그를 참소하였다.74)

사관(史官)이 심연원·심강·심의겸을 평가한 내용이다. 산업 경영
을 지적한 것 외에는 호의적이다. '산업 경영'이란 지나친 재산 증식
행위를 가리키는 관용적 표현이었던 것 같다. 실록에 실린 다양한 인물
평가에 꽤 여러 번 산업 경영이라는 표현이 나오는데, 청렴했던 관리는
"산업 경영에 뜻이 없었다."라고 쓰고, 재산 욕심이 과하고 사치했던
인물을 "산업 경영에 힘썼다."라는 식으로 기록하였다. 서엄이라는 선
비가 명종에게 개혁을 요구하는 상소문을 올린 적이 있다. 다음은 상소
일부이다.

일곱째, 사치를 금하는 것입니다. 신이 듣건대 검소는 덕의 기초이
고 사치는 악을 키우는 것이라고 합니다. 선비가 사치하면 그 몸을
망치고 임금이 사치하면 그 나라를 망치니, 임금으로서 경계하지
않을 수 있겠습니까. 사치의 폐단을 역력히 밝히겠으니, 전하께서
는 들어보소서. … 재상의 집이 궁궐보다 웅장하고 장사치의 집이
벼슬아치의 집보다 더 크며, 유생으로서 과거에 마음을 둔 자는
우선 새집을 지을 계획을 하며 문사로서 반품(班品)에 오른 자는
우선 큰 집을 짓습니다.75)

---

74) 《명종실록》 10년(1555) 11월 4일.
75) 《명종실록》 8년(1553) 10월 23일.

서엄은 "재상의 집이 궁궐보다 웅장"하다고 비판했지만, 실명은 언급하지 않았다. 그러나 실록을 작성한 사관이 글을 덧붙였다. "심연원·윤개가 모두 대신의 반열에 있으면서 크고 좋은 저택을 지었는데, 3년 만에 겨우 끝냈고 담장과 벽은 모두 단청을 발랐다."라고.

다른 실록 기사에도 "겸손하고 삼가고 자상하지만, 집을 꾸미고 재산을 모아 탐욕스럽고 사치스럽다는 비난이 있었다."[76]라는 심연원에 대한 평가가 보인다. 이 정도라면, 충분히 구설에 오를만하다. 한편, 조선 후기 문신 이유원이 지은 《임하필기》에는 이런 내용이 나온다.

> 심덕부와 아들 온, 손자 회, 증손 연원·통원, 연원의 종손 희수, 증손 열종, 현손 기원, 8대손 수현이 모두 정승이 되었다. 심지원 또한 심덕부의 10대손이 되니, 한 가문에서 정승에 제수된 사람이 열 명이다.

역대 심연원 집안의 관력이 상당했음을 알 수 있다. 심덕부(1328~1401) 좌의정, 심덕부의 아들 심온은 영의정, 심온의 아들 심회도 영의정, 그리고 심연원 역시 영의정을 지냈으니까. 심연원은 당당한 집안 내력에 오히려 더 숙이고 조심했던 것 같다.

그의 신도비문에 의하면, 매사에 차고 넘치는 것을 경계하고 자식들 교육에서도 겸근(謙謹)을 강조했다고 한다. 그래서 손자들의 이름도 겸손할 겸(謙)을 넣어 짓게 했다. 인겸, 의겸, 예겸 … 이렇게 여덟 명 모두. 또 관리를 추천할 때 친한 사람을 오히려 배제했고, 부당하게 배척당한 사람은 힘써 변호했다고 한다.

심연원은 어려서 아버지를 잃었지만, 어머니의 가르침 덕에 학문에 힘썼다. 김안국의 제자가 되었다. 학문과 문장에 뛰어났고 지리에 특히

---

76) 《명종실록》 11년(1556) 9월 16일.

밝았다고 한다. 탐라목사로 근무하면서 산천을 살펴 상세한 지도를 그려두었다. 이후 침입한 왜구를 격퇴하는 데 그 지도가 크게 쓰였다고 한다.

▲ 심연원 묘

이런 일도 있었다. 경복궁에 불이 나서 불탄 건물을 다시 짓게 되었다. 공사가 마무리될 무렵, 영의정 심연원과 우의정 윤개가 감독차 공사 현장에 갔다. 윤개가 규정에 맞지 않는 장식을 발견하고 공사 담당자를 불러 혹독하게 혼냈다. 그 과정을 심연원은 잠자코 지켜봤다. 지켜만 봤다. 한참 후에야 심연원이 윤개에게 말했다. "이 사람이 내 사위요. 젊어서 뭘 몰라 실수한 것 같으니 이제 그만 용서해주면 아니 되겠소?"

- 식민사관의 후유증

일제는 한국을 영원히 식민지로 거느릴 생각이었다. 그렇게 하려면 한국인이 일본에 순종하고 '일본 국민'으로 사는 것에 만족하도록 해야 한다. 한민족으로서의 자부심, 당당함 이런 것들은 없애고, '우리는 한심한 나라', '식민지가 될 수밖에 없는 민족'이라는 패배주의에 물들도록 해야 한다. 사람의 정신을 움직이는 데 역사만 한 게 없다.

일본은 개항 이전부터 한국사를 연구했다. 꽤 괜찮은 내용은 삭제하거나 비틀고, 부정적으로 평가할만한 내용은 확대해서 한국사를 만들어 갔다. 식민 지배를 위해 만들어진 왜곡된 한국사 인식, 이를 보통 식민사관이라고 한다.

이를테면, 한국은 대륙 끄트머리에 매달린 반도 국가다. 북쪽 대륙과 남쪽 해양 국가 일본의 영향을 강하게 받을 수밖에 없었다. 오랜 역사 동안 대륙의 침략과 지배를 받아오지 않았느냐. 그게 반도 국가의 숙명이다. 그러다 보니 매사를 자율적으로 해결할 능력이 없다. 걱정 마라, 청나라도 러시아도 물리친 우리 일본이다. 이제 너희들은 대륙으로부터 완전히 안전하다. 우리가 보호해주마.

또 이를테면, 역사는 과거로부터 미래로 발전해가는 과정인데 어쩌냐, 너희 한국은 너무 무능하다. 아득한 과거에 정체되어 있구나. 사회 경제적으로나 정치적으로나 미개하다. 걱정 마라, 우리 일본이 너희의 고대적 정체성을 끊어내고 근대로 이끌어주마! 한마디로 한국이 일본의 식민지가 된 것은 역사적 필연이며, 한국인에게 행운이라는 것이다.

> 옛날, 반도의 북부를 조선이라고 하고, 중국으로부터 기자가 내려와 그 땅의 왕이 되었다고 한다. 그 후 위만이라는 사람이 이 땅에 들어와 기자의 후손인 준을 내쫓고 나라를 빼앗았다. 위만의 손자인 우거 때, 한의 무제가 이곳을 공격하여 멸망시키고, 그 땅에 사군을 설치했다. 이로부터 수백 년 동안 반도의 대부분은 중국의 영토가 되었다.[77]

---

77) 이병담, 〈조선총독부 초등학교 『國史』에 나타난 침략사관과 식민지 아동의 탄

일제강점기 일제가 우리 어린 학생들에게 가르치던 국사 교과서의 보충교재 내용이다. 이때의 '국사'는 일본사다. 일본사에 한국사를 좀 덧붙여서 교과서를 제작했다. '천황'과 일본의 역사는 돋보이게, 한국의 역사는 창피함을 느끼게 꾸몄다. 한국사는 시작부터가 사실상 식민지다. 고조선, 단군은 없다. 나라를 세운 이는 중국인 기자다. 위만조선은 또 중국 한나라에 망했다. 그리고 수백 년, 한반도 북부는 중국의 영토였단다.

그러면 한반도 남쪽은 어떤가? 4세기부터 6세기까지 일본이 한반도 남부를 통치했다고 한다. '임나일본부'가 통치 기구였다고 한다. 이를테면 조선총독부의 전신이라고 할 수 있는 거다. 그리하여 1910년의 국권강탈은 일본의 조선 침략이 아니라 '진출'이라는 것이다. 일본이 자기들 옛 땅을 되찾은 것이니까. 교과서가 이런 논리다. 물론 임나일본부는 허구다.

일제강점기 식민사관에 입각한 한국사 교육은 우리 학생들에게 민족적 열패감을 심는 과정이었다. 이에 대한 우리 학자들의 비판은 당시부터 있었다. 그리고 해방 이후 최근까지 전문 학자들의 논리적 반박으로 식민사관의 허구성이 드러났다. 다만 완전히 씻어내지 못한 게 있으니 당파성론이다.

일본은 조선이 당파싸움, 즉 당쟁 때문에 망했다고 했다. 망할 수밖에 없었다고 했다. 당파성론은 조선이 맨날 지저분한 당파싸움만 하다가 망했다는 것으로 끝나지 않는다. 한민족 자체가 분열적 기질을 갖고 있어서 어쩔 수 없다고 했다. 어느 일본인 학자는, 조선 사람의 혈액에 특이한 검푸른 피가 섞여 있다고까지 했다.[78] 한국인은 피 자체가 통합할 줄 모르고 무조건 서로 헐뜯고 싸우는 체질이라는 것이다.

생〉,《일어일문학》제27집, 2005, 7쪽.
78) 이태진, 〈당파성론 비판〉,《한국사시민강좌》제1집, 1987, 60쪽.

이 주장은 꽤 먹혀들었던 것 같다. 지금도 조선이 당파싸움만 하다 망한, 못난 나라로 인식하는 경향이 우리에게 남아있다. 한국인의 피가 어쩌고 한 이야기야 무시하면 되고, 당파성론 자체가 학문적으로도 극복됐다고 할 수 있지만, 사람들의 의식 속에는 조선에 대한 부정적인 인식이 여전히 남아 있는 것이다.

조선은 분명히 당쟁을 했다. 서로 치고받고 싸웠다. 그러나 조선 내내 당파싸움만 한 것은 아니다. 또 조선이라는 나라만 당파싸움한 것도 아니다. 민족성으로 모는 것은 억지다. 조선의 당쟁에 잘했다고 손뼉 칠 수 없다. 때로 짜증나고 때로 화나는 모습도 꽤 나타났다. 지저분하기도 했다. 그러나 그 지저분함 속에서 연꽃을 피워내곤 했다.

당파싸움! '싸움'의 어감이 좋지는 않다. 그러나 정치엔 싸움이 동반되기 마련이다. 싸움 없는 정치는 죽은 정치다. 왜 싸웠는가, 무엇을 위해 싸웠는가, 헤치고 들어가면 아쉬운 부분이 많지만, 당쟁 자체를 죄악시할 필요는 없다고 본다.

당파 단위로 이루어진 조선의 정치는 밀실 정치와 특정인에 의한 정권 농단을 차단했다. 구성원 전체 의견을 조율하여 형성된 공론에 의한 정책 결정을 추구했다. 상호 견제와 비판을 통해 균형을 이루는 순기능도 무시할 수 없었다.

조선은 정말 당파싸움 때문에 망했는가? 조선 멸망의 원인을 정치 체제에서 찾아야 한다면, 당쟁이 아니라 오히려 세도정치를 지목해야 할 것 같다. 당쟁이 사실상 끝나고 형성된 세도정치는 특정 외척가문이 정권을 잡아 휘두르던 순조 · 헌종 · 철종 시기이다. 세도정치기는 견제와 균형의 원리가 무너진 시기, 나라의 기강도 함께 무너진 시기였다.

지금 우리 교과서에서 '당쟁'이라는 단어가 사라졌다. 대신 쓰는 용어가 붕당정치(朋黨政治)이다. 부정적인 어감인 '당쟁' 대신 다소 긍정적인 느낌의 '붕당정치'로 바꾼 것이다. 한자 자체만으로도 붕당정치의 의미가 풀린다. 뜻 맞는 벗[朋]들이 모여 당을 이루고 하는 정치라는 뜻이다. 오늘날의 여당·야당도 넓게 보아 '붕당'으로 볼 수 있을 것이다.

– 붕당정치가 시작되다

이제 조선의 붕당정치 구조를 개략적으로 살펴보자.

사림이 동인과 서인으로 분립하면서 붕당정치가 시작된 것은 1575년(선조 8)이다. 훈구파로 불리는 기득권 세력에 함께 저항하던 사림파가 정권을 사실상 장악하자마자 분열했다. 그 원인이 김효원과 심의겸의 자리다툼으로 말해진다. 그런데 정파 분열이 그렇게 단순하게 이루어지는 것은 아니다.

사림이라고 불린 이들은 로봇이 아니고 사람이다. 저마다 성향과 현실 인식에 차이가 있기 마련이다. 저항해야 할 '적'이 있을 때는 그 차이가 드러나지 않았지만, '적'이 사라지면서 차이가 겉으로 드러나기 시작한 것이다.

이런 일이 있었다. 양반이 살해됐다. 그 집 노비가 죽인 것 같다. 엄청난 죄다. 나라 차원의 수사가 시작됐다. 노비가 살인자라는 심증은 있으나 결정적 물증이 없다. 노비를 풀어주어야 하나, 말아야 하나, 의견이 갈린다. 같은 의견을 가진 이들끼리 힘을 모은다. 영의정은 뭐 하나, 이런 거 조정하지 않고. 당시 대신들은 여전히 훈구로 분류되는 사람들이다. 사림들은 그들의 권위를 인정하지 않았다. 정치적 리더십을 발휘할 인물이 뚜렷하지 않았다. 그러다 보니 집단 대 집단으로 자신들의 의견을 관철하려는 풍조가 자리 잡게 되었다.

어찌 됐든 김효원(1542~1590)과 심의겸(1535~1587)의 갈등이 동서 분당의 한 원인 된 것은 사실이다. 이 문제를 들여다보자. 왜 굳이 동인, 서인이라고 부르게 됐을까? 김효원 집이 서울 안 동쪽인 건천동에 있고, 심의겸 집이 서쪽인 정릉동에 있었다. 그래서 김효원을 지지하는 세력이 동인이 되었고 심의겸을 지지하는 세력이 서인이 되었다.

현대에 상도동계와 동교동계라는 게 있었다. 김영삼 대통령의 집이 상도동이라 그를 따르는 이들을 묶어 상도동계라고 했고, 김대중 대통령의 집이 동교동이라 역시 따르는 이들을 묶어 동교동계라고 했다. 물론 두 김씨가 대통령 되기 이전에 형성된 세력이다.

사실, 김효원과 심의겸이 주도해서 동인과 서인 세력이 만들어진 것은 아니다. 그들은 그냥 엉겁결에 붕당정치의 시발점이 되고 말았다고 할 수 있다. 그 과정을 《연려실기술》을 통해서 알아보자.

> <김효원이> 알성과에 장원을 하여 이름이 크게 알려지자 김계휘가 심의겸에게 말하기를, "김효원을 천거하여 전랑으로 삼으려는데, 그대의 생각은 어떠하오?" 하니, 심의겸이 잠자코 대답하지 않았다. 재차 물으니, 심의겸이 윤원형의 집에 김효원이 문객으로 있던 일을 들어 언급하였다. 그러자 김계휘가 손을 내저으며, "아예 입 밖에 내지 마시오. 소년 때의 일이 아니오." 하니, 심의겸 역시 그렇게 여기면서 다시 말하지 않았지만, 서로 친한 사람들은 이를 모르는 이가 없었다.

김효원이 이조 전랑이 되는 것을 심의겸이 반대했다고 했다. "윤원형의 집에 김효원이 문객으로 있던 일" 때문에 심의겸이 김효원을 좋지 않게 보았다. 윤원형은 당시 타락한 정치인의 표본 같은 인물이었다. 중종의 계비인 문정왕후의 동생이다. 누나도 동생처럼 나쁜 짓을 많이 했던 것 같다.

태정태세문단세예성연, 중종·인종·명종이다. 중종은 가장으로서는 불행했다. 연산군을 내몰고 왕이 됐지만, 사랑하는 왕비 단경왕후를 폐위시켜 궁에서 내보내야 했다. 단경왕후의 아버지가 연산군의 매부였기 때문이다. 그러니까 단경왕후의 고모가 연산군의 비였던 것이다. 새로 부인을 맞으니 장경왕후이다. 그런데 장경왕후가 인종을 낳고 며칠 안 되어 사망했다. 또다시 부인을 맞았다. 문정왕후다.

문정왕후가 어린 인종을 잘 보살피고 키웠으면 좋으련만, 그렇지 못했다. 구박이 심했다. 그래도 인종은 문정왕후를 어머니로 섬겼다. 문정왕후가 인종을 죽이려고 했다는 야사가 전한다. 인종이 세자였을 때라고 한다. 한밤중에 동궁에 불이 났다. 잠에서 깨어난 인종은 부인, 그러니까 세자빈을 밖으로 나가라고 했다. 본인은 그냥 불에 타 죽겠다고 했다.

그렇게 하는 것이 불을 지른 어머니, 문정왕후에 대한 효라고 여겼기 때문이다. 세자빈은 나가지 않았다. 둘은 그렇게 불 속에서 생을 마감하려 했다. 그때 밖에서 아버지 중종의 목소리가 들려왔다. 애타게 세자를 부르는 소리였다. 인종은 생각했다. '내 죽는 것이 어머니에게는 효도지만, 아버지에게는 불효요, 불충이구나.' 인종은 밖으로 뛰쳐나왔다.[79)]

중종이 죽고 아들 인종이 즉위했다. 그러나 인종은 8개월 좀 넘게 왕위에 있다가 사망했다. 아들도 없이. 그래서 중종의 또 다른 아들 명종이 즉위한다. 명종은 인종의 이복동생이다. 어머니는 누구? 바로 문정왕후다. 그녀는 어린 아들 명종을 대신하여 권력을 장악한다. 수렴청정이다. 그리고 전면에 자신의 동생 윤원형을 내세운다. 윤원형은 권모술수로 경쟁세력을 제거하고 폭압을 일삼았다. 부패는 당연했다. 명종은 어머니를, 외삼촌을 어찌하지 못했다. 외척 정치의 폐단이 극심하였다.

---

79) 박영규, 《한권으로 읽는 조선왕조실록》, 웅진지식하우스, 2004, 244쪽.

그런 윤원형인데, 김효원이 젊은 시절에 윤원형의 집에서 먹고 자며 공부했던 모양이다. 심의겸뿐 아니라 뜻있는 사람이라면 모두 좋게 보지 않았을 것이다. 그래서 심의겸은 김효온이 전랑 되는 것을 반대했고, 이에 김효원은 심의겸에게 반감을 갖게 되었던 것 같다.

> 심충겸이 장원 급제를 하자 전랑으로 천거하려 하였는데 김효원이, "외척은 등용해선 안 된다." 하며 막으니, 심의겸이 이내, "외척이 원흉의 문객보다는 오히려 낮지 않으냐." 하였다. 이에 김효원의 편을 드는 사람들은 "김효원의 말은 공론에서 나온 것인데, 심의겸이 사사로운 혐의로 좋은 선비를 배척하니 매우 옳지 못하다." 하였다.
> 심의겸의 편을 드는 사람들은 "심의겸은 스스로 지어낸 말이 아니고 그 실상을 말한 것인데, 김효원이 묵은 원한을 품어서 겉으로는 외척이라 하여 전랑으로 삼는 것을 막았지만, 속으로 중상하여 해치려는 계책을 가진 것이다." 하였다.

심의겸의 동생 심충겸이 전랑에 추천되었다. 이번에는 김효원이 반대하고 나섰다. 외척이 전랑을 맡으면 안 된다는 거였다. 외척? 그렇다. 심의겸도 외척이었다. 명종의 비인 인순왕후가 심의겸·심충겸 형제의 누나이다. 외척이 정치에 깊게 개입하는 것을 불온시하는 것이 기본적인 정서였다. 사림의 사고방식으로는 특히 그렇다. 더구나 윤원형을 겪었으니. 이에 심의겸이 반박했다. "외척이 원흉의 문객보다는 오히려 낮지 않으냐." 원흉은 윤원형, 그의 문객은 김효온을 가리킨 것이다.

서인도 당연히 사림이다. 외척을 배척해야 한다. 그런데 그들은 심의겸을 예외로 인정하고 싶어 했다. 심의겸은 외척임에도 권세를 뽐내지 않았고 사림들을 위험으로부터 보호했다. 부정과 권력 남용으로 사림의 비판 대상이던 이량과 심통원을 축출하는 데 앞장서기도 했다. 심지어 이량과 심통원은 심의겸의 친인척이다. 이이는 심의겸을 이렇게 평가하기도 했다.

> 생각해 보건대, 국가가 한명회 이래 많은 외척이 권력을 잡고서 나라를 좀먹고 백성을 병들게 하여 세상의 큰 근심거리가 되었고 심한 경우에는 사림을 어육으로 만들기까지 하였다. 그리하여 외척이란 두 글자를 사류들이 표호(豺虎, 승냥이와 호랑이, 잔혹한 악인을 비유)와 귀역(鬼蜮, 귀신과 불여우, 몰래 남을 해치는 음험한 사람을 비유)처럼 보아 이맛살을 찌푸리고 서로 대한 지가 여러 해가 되었다.
> 심의겸과 같은 자는 별 죄악이 없는데도 한번 흠을 지적당하자 나이 젊은 사류들이 배척하기를 오히려 미치지 못할 듯이 하고 있으니, … 참으로 명칭이 외척이기 때문에 다시 그 정상을 자세히 따져 보지도 않고 한결같이 그를 그르다고 하는 것일 뿐이다.[80]

그러나 상대적으로 젊은 동인들은 달랐다. 적폐는 청산해야 하고, 심의겸도 어쩔 수 없이 적폐라고 여겼다. 서인은 융통성을, 동인은 원칙을 강조했던 셈이다.

– 전랑이라는 자리가 무엇이기에

이조 전랑이라는 관직이 부각됐다. 전랑이 뭐기에. 이조는 관리 임면을 맡은 부서다. 한마디로 조정의 인사권을 가진 곳이다. 제일 높은 사람이 이조판서(정2품), 그다음이 이조참판(종2품), 이조참의(정3품)이다. 이조 전랑은 정랑(정5품)과 좌랑(정6품)을 합해서 부르는 명칭이다. 《경국대전》에 의하면, 전랑 정원은 6명이다. 정랑 3명, 좌랑 3명이

---

80) 김경래, 〈명종대 말~선조대 초반의 정국과 심의겸〉, 《조선시대사학보》제82집, 2017, 94~95쪽.

다. 하지만 실제 운영 과정에서 정원을 다 채우지 않은 경우도 잦았던 것 같다.

이조 정랑, 정5품! 뭐, 별로 높지 않다. 그러나 이 자리가 사실은 인사의 실권을 장악한 자리이다. 삼사에 대한 영향력도 아주 컸다. 대신을 견제하려고 만든 제도적 장치였기에 이조판서도 함부로 간섭할 수 없었다.

거기다가 자신의 후임을 추천하는 권리도 갖고 있었다. 자리 경쟁이 치열할 수밖에 없었다. 당시 사람들도 전랑 자리가 당파 경쟁이 격화되는 한 이유라고 인식하게 되었다. 그래서 탕평책을 펼친 영조 임금 때 정랑 2명, 좌랑 2명으로 정원을 줄이고 전랑이 자신의 후임자를 추천하는 권한도 없애게 된다.

이리하여 조정은 동인과 서인으로 나뉘었다. 그런데 동인이 다시 남인과 북인으로 분열한다. 그 계기는 정철에게서 비롯됐다. 관동별곡, 그 정철? 그렇다, 송강 정철이다. '정여립 모반 사건'부터 이야기해야 할 것 같다.

정여립은 서인으로 정계에 입문했다. 그런데 동인으로 옷을 바꿔 입었다. 동인 정여립이 역모에 휩쓸렸다. 정말 반역을 한 것인지, 모함인지 잘 모르겠다. 이 사건 처리를 맡은 이가 서인 정철이었다. 사건 연루자들을 많이 죽였다. 죽임을 당한 이들은 동인이었다. 동인들은 정철을 증오하게 됐다. 이 사건이 기축년인 1589년(선조 22)에 일어나서 '기축옥사'라고도 한다.

동인의 반격이 시작됐다. 세자를 정하는 문제가 계기가 되었다. 동인과 서인 고관들이 모여 광해군을 밀기로 합의했다. 함께 선조에게 건의하기로 했다. 그런데 선조는 광해군을 예뻐라 하지 않았다. 다른 아들 신성군을 세자로 세우고 싶어 했다.

함께 건의하기로 한날 동인인 영의정 이산해가 결석했다. 일부로 그랬다고 한다. 서인인 좌의정 정철은 원칙대로 광해군을 추천했다. 선조가 노했다. 정철과 서인은 궁지에 몰렸다. 동인의 공격이 몰아쳤다. 여기서 동인들은 정철에 대한 처벌을 어느 선까지 할 것인지 의견이 갈렸다. 강경파가 북인이 되었고, 온건파가 남인이 되었다. 북인 이산해, 남인은 유성룡 · 이덕형 등이다.

동인이 이른 시기에 남인과 북인으로 분열했지만, 서인은 통일성을 오래 유지했다. 서인이 노론과 소론으로 갈리게 되는 것은 숙종 (1674~1720) 때다. 숙종 재위 기간, 서인과 남인의 대립이 격했다. 숙종이 그렇게 조정한 측면도 있다.

서인 안에서 시국관, 정국 운영 방법 등에 대한 의견 차이가 뚜렷해졌다. 남인을 적으로 보는 사람들이 노론이 되었고, 남인을 공존해야 할 경쟁자로 인식하는 사람들이 소론이 되었다. 송시열이 노론의 중심 인물이었고, 윤증과 박세채가 대표적인 소론 쪽 인물이다.

남인 · 북인 · 노론 · 소론, 이를 보통 사색당파라고 한다. 조선 후기까지 거의 주도권을 장악한 세력이 노론이다. 성리학을 신봉하고 대의명분과 절의를 중요하게 여겼다. 주자의 말 한마디, 글자 하나에도 이견을 달지 않는 것이 정도라고 여겼다.

소론과 남인도 성리학자이지만, 성리학만을 절대적으로 신봉하지 않았다. 공자 · 맹자에 대한 주자의 해석이 틀릴 수도 있다고 인식했다. 실천적이며 개혁적인 모습을 보였다. 조선 양명학, 즉 강화학을 일으킨 정제두가 소론, 대표적 실학자 정약용은 남인 계열 인물이다. 북인은 단명했다. 선조 대와 광해군 대에 활동했다. 인조반정으로 광해군이 무너지면서 북인도 사실상 끝났다.

07 뜨겁게 지다, 조헌

정곤수가 아뢰기를, "신이 북경에 가보니 조정의 의논이 아직도 정해지지 않아 어떤 사람은 마땅히 국경에서 막아야 한다 하고, 어떤 사람은 두 오랑캐끼리 싸우는 것이니 구원할 필요가 없다고도 하였습니다. … 지금은 병부상서 석성이 정벌할 뜻을 세우고 있습니다." … 상이 이르기를, "중국에서 우리나라를 의심하지 않던가?" 하니, 정곤수가 아뢰기를, "지금은 의심이 모두 풀렸습니다." 하였다.81)

임진년(1592), 왜군이 쳐 올라오자 선조는 저 멀리 의주까지 피난했다. 명에 구원병 파견을 요청하는 사신을 보냈다. 사신단 대표가 정곤수다. 정곤수는 북경에 머물며 명 조정 사람들을 설득해서 마침내 명군 파병을 이끌어냈다. 그가 돌아오자 선조는 궁금했던 것들을 묻는다. 앞 사료는 선조가 묻고 정곤수가 대답한 내용 일부이다.

조선이 파병을 요청하자 명 조정은 의견이 갈렸다. 조선으로 군사를 보내면 안 된다는 이들이 있었고, 보내야 한다는 이들이 있었다. 군대를 보내 조선을 구원해야 한다는 병부상서 석성의 의견이 채택됐고, 그래서 명나라 군대가 조선에 오게 된다. 선조는 또 물었다. "중국에서 우리 나라를 의심하지 않던가?" 그러자 정곤수가 대답했다. "지금은 의심이

---

81) 《선조실록》 25년(1592) 12월 8일.

모두 풀렸습니다."

지금은 의심이 풀렸다는 말은, 전에는 의심했었다는 얘기다. 명나라는 무엇을 의심했던 것일까? 명은 조선이 일본과 한패일지 모른다고 생각했다. 조선이 일본의 침략을 받았다는 것은 거짓말이고, 오히려 조선군이 일본군의 길잡이가 되어 함께 명나라로 진격하고 있는 것 같다고 의심했다.

명나라가 어이없는 오해를 했던 이유는? 조선이 너무 속절없이 무너져 내렸기 때문이다. 왜군이 부산에 상륙하고 불과 20일 정도에 수도 한양이 떨어지고 평양이 떨어졌다. 한반도 거의 전역이 왜군에게 점령됐다. 상식적으로 이해 불가다. 일부러 져주는 것 같았다. 그러고 보니, 명의 의심은 어이없는 게 아니라 합리적 의심이었다.

- 떨쳐 일어나다

왜 이런 민망한 꼴을 당했을까. "전쟁? 에이, 설마." 너무 안이했다. 설마가 사람을 잡았다. 나라까지 잡을 뻔하였다. 고려는 개국 이후 멸망할 때까지 강국과의 전쟁을 거듭 겪었다. 거란(요), 여진(금) 등을 물리쳤고, 몽골과 긴 전쟁에서도 선전하며 나라를 지켜냈다. 국가다운 방어능력을 갖추고 있었다.

조선은 고려와 달리 오랜 기간 평화가 지속됐다. 1392년 건국, 1592년 임진왜란, 200년간 큰 전쟁이 없었다. 역사상 드문 일이다. 장기 평화기에 안보 의식이 희미해졌다. 국방체제가 녹아내렸다. 방어시설도 허술해졌다. 전쟁 직전에야 부분적으로 성을 수축하는 등 방어시설 재건을 위한 노력이 있기는 했으나 작업에 동원된 백성들이 반발하면서 지지부진해졌다.

특히 왜군이 우리 땅에 발을 디딜 그때, 맞서 싸울 병력이 절대 부족했다. 아무리 왜군이 조총이라는 신무기를 가졌다고 해도 튼실한 병력만 확보됐다면 상황이 달라졌을 것이다. 병사가 왜 부족한가. 대략 이러한 이유 때문이다. 나라에서 군역 의무를 이행하는 농민들을 군사훈련장이 아닌 노동판으로 내몰았다. 각종 토목공사에 동원해서 일을 시켰다. 노동 강도가 세다. 너무 힘들다. 얍삽한 누

▲ 조헌 동상

군가가 사람을 사서 자기 자리에 대신 세우고 자기는 빠져나온다. 점점 그런 사람들이 늘어난다. 불법이다.

그런데 나라에서 이를 묵인했다. 나중에는 나라에서 직접 농민들에게 병역 면제 비용을 거두었다. 돈 역할을 하는 옷감으로. 이를 군포(軍布)라고 한다. 그러니까 임진왜란 직전 조선의 군역 의무는 교대로 입대해서 나라를 지키는 것이 아니라 군포라는 세금을 내는 의무로 바뀌고 있던 것이다. 실 병력이 부족할 수밖에 없었다.

반면에 당시 왜군은 프로 싸움꾼이었다. 실전으로 단련된 정예군이

▲ 칠백의총[충남 금산군]

었다. 임진왜란 전 일본은 여러 세력으로 쪼개져 오래도록 내전을 치렀다. 전국시대라고 한다. 그 과정에서 서양에서 들어온 조총을 자체 생산해 병사들에게 지급했다. 왜군은 조총만 잘 다룬 것이 아니다. 칼과 활 등 다양

한 무기를 썼다. 전국시대를 통일한 풍신수길(도요토미 히데요시)은 조선은 물론 명나라까지 차지하겠다는 헛꿈을 품고 이 병사들을 조선으로 향하는 배에 태웠다. 9개 부대로 나누어 순차적으로 침입했다. 전체 병력 대략 20만이었다.

일본인들은 치밀하다. 조선 침공 전에 승리 가능성을 따져봤다. 이길 수 없겠다 싶으면, 안 쳐들어왔을 것이다. 나사 풀린 조선의 국방 체제를 사전에 확인하고 승리를 확신하게 됐다. 그들의 확신은 일정 부분 맞았다. 전쟁 초반, 순식간에 한반도를 휩쓸었으니.

그러나 파죽지세로 북진하면서도 불안했다. 뭔가 잘못되고 있음을 알았다. 계산하지 못한 변수가 왜군을 초조하게 했다. 이순신의 수군이었다. 바다에서 우리 수군에게 연전연패하면서 모든 계획이 뒤틀렸다. 육군과 함께 서해안을 따라 북상하면서 군수품 등을 공급해 주기로 했던 일본 수군이 궤멸하면서 육지의 왜군은 궁지에 몰렸다. 설상가상, 조선 백성이 일어났다. 의병이다.

의병장으로 역사에 이름을 남긴 인물들이 여럿이다. 그 가운데 단연 빛나는 한 사람, 조헌(趙憲, 1544년~1592). 이제 망국으로 가는 길을 막고자 분연히 일어섰던 조헌의 몸부림을 따라가 보자.

서울까지 차지한 왜군이지만, 그들이 점령하지 못하고 온 곳이 있었다. 전라도다. 남쪽 바닷가는 이순신이 있었다. 난공불락이다. 육지, 전라도로 들어가는 길목에선 곽재우 등에게 패해서 어쩌지 못했다. 계획이 꼬여버린 왜군은 작전을 다시 세운다. 각각의 부대가 8도를 나누어 맡기로 했다. A부대가 강원도, B부대는 경상도, C부대는 전라도 식으로. C부대는 다시 남쪽으로 내려간다. 전라도를 향하여. 그들은 금산에 집결했다.

1592년(선조 25) 5월, 조헌이 일어났다. 청주, 옥천 등지에서 의병을 모았다. 왜군을 무찌르자는 그의 격문은 백성의 마음속에 담겨있던 애국심을 불러냈다. "남의 부모를 죽이고 남의 남편을 죽이는 죄, 그 죄만 하여도 응당 천벌을 받으리니 온 겨레의 목숨을 빼앗고 온 겨레의 재산을 불사르려 하니 그 악한 원수가 어찌 망하지 않을쏘냐." 단언한 조헌은 이렇게 호소했다. "피어린 심정으로 소리 질러 호소하는 바이니 기회를 잃지 말고 나라의 원수를 끝까지 소멸하자!"[82]

같은 해 8월, 조헌은 스님 의병장 영규 등과 합세하여 왜군이 장악한 청주성을 공격하여 승리한다. 왜군에게 빼앗긴 지 3개월 만에 되찾은 것이다. 청주는 왜군이 북진한 세 갈래 경로 가운데 하나로 전략적 요충지였다.

청주성 공격은 조헌의 의병 1,600여 명, 영규의 승병 800여 명, 박춘무의 의병 500여 명, 그리고 관군 500여 명이 함께 했다고 한다. 왜군은 7,000명 정도가 성안에 있었다. 공격! 조헌과 영규의 부대가 서문을 쳤고, 박춘무 부대가 남문, 관군이 북문을 맡았다. 더는 버티기 어렵게 된 왜군은 북문을 뚫고 도망갔다.[83]

"의병 장군(조헌)의 군사는 순찰사나 방어사의 군사에 비할 바가 아니다. 죽음을 무릅쓰고 달려드는 데 그 날카로운 기세를 당해낼 수가 없다." 청주성에서 도망가는 왜군들이 이렇게 말했다고 한다. 청주성을 되찾은 조헌은 기세를 모아 북쪽으로 향한다. 임금을 구하기 위해서였다. 그런데 금산의 왜군부터 공격해달라는 충청도 순찰사 윤국형(윤선각)의 요청을 받게 된다. 조헌은 공주로 돌아와서 금산 공격을 준비한다. 금산은 충청도와 경상도에서 전라도로 들어가는 길목이다.

그런데 순찰사 윤국형의 농간으로 의병이 흩어지고 말았다. 조헌에게 군사를 보내준 청양현감을 옥에 가두었고, 의병 가족들도 잡아 가두

---

82) 곽재우 외 8인 씀, 오희복 옮김,《임진년 난리를 당하매》, 보리, 2011.
83) 이영석,〈군사사학적 관점에서 고찰한 임진왜란시 청주성 및 금산성 전투〉,《한국군사학논총》제1집, 2012. 16~17쪽.

는 등 못되게 굴었다. 남은 병력은 700여 명에 불과했다. 윤국형, 금산을 공격해달라고 부탁해놓고 오히려 의병을 해산시키려고 한 이유는 뭘까.

그는 왜군과의 전투를 계속 회피하고 있었다. 반면 조헌은 청주성을 탈환하고 북진하고 있다. 조헌이 임금에게 자신의 잘못을 알리면 큰일이다. 그래서 조헌을 못 가게 하려고 금산 공격을 제안한 것이라고 한다. 조헌이 만약 금산을 탈환하는 공을 세우게 되면, 조정에서 "너는 뭐 했니?" 소리를 듣게 될 것이다. 그것도 겁났다. 그래서 조헌의 의병을 해산시키려고 했다는 것이다.[84] 사실이라면 참 나쁜 사람이다.

그런데 윤국형 같은 짓을 한 지방관들이 더 있었다. 이들을 다 나쁜 사람으로 몰기는 좀 조심스럽다. 당시는 조선에 변변한 상비군이 없었다. 전쟁이라는 비상시에 별안간 징집된 백성이 관군의 대다수였다. 따지고 보면 관군과 의병의 출신이 다르다 할 수 없다. 현실적으로 보면, 중앙 관료나 지방관에게 징발된 백성은 관군이 되고, 각 지방의 리더 격 민간인의 지휘에 따라 싸우는 백성이 의병이 되는 셈이다.[85] 관군으로 징발하려던 백성이 의병에 가담해버리면 지방관은 처지가 곤란해질 수 있는 것이다.

한편, 조헌은 영규의 승병과 함께 금산으로 진군했다. 조헌 부대 약 700명, 영규의 승병 약 600명, 그렇게 1,300 병력이었다. 반면 금산성을 지키는 왜군은 약 1만이었다. 전라도 순찰사 권율의 관군과 연합할 계획이었으나 일이 어그러졌다. 권율이 날짜를 연기하자는 편지를 조헌에게 보냈는데, 받지 못했다고 한다.

---

84) 이영석, 〈군사사학적 관점에서 고찰한 임진왜란시 청주성 및 금산성 전투〉, 《한국군사학논총》제1집, 2012. 26쪽.
85) 조원래, 〈임진왜란사 인식의 문제점과 연구과제〉, 《한국사학사학보》제26집, 2012, 11쪽.

신중해야 했다. 얼마 전 고경명 등이 이끄는 의병이 금산을 공격했었다. 처절한 전투 끝에 패배하고 말았다. 조헌이 군사를 되돌려 다음을 기약하는 것이 좋았을지도 모른다. 그러나 공격을 감행했다. 격전이었다. "오늘은 오직 한번 죽음이 있을 뿐이다. 죽고 살며 나아가고 물러남에 있어 '의(義)'라는 글자에 부끄러움이 없게 하라." 조헌은 외쳤다.

중과부적의 열세 속에서 조헌 부대는 치열하게 싸웠다. 몇 번이나 적의 공격을 격퇴했다. 화살이 떨어졌다. 그래도 후퇴는 없었다. 마지막 백병전 끝에 그렇게 그들은 목숨을 다했다. 끝내 도망가지 않았다. 조헌과 의병들은 죽음으로 '의(義)'를 실천했다. 조헌의 마지막 장면을 중봉조공유허추모비(1617, 우저서원 소재)는 이렇게 묘사했다.

> 적이 정예를 다 내세워 공격해오자 막하의 장졸이 공을 붙잡고 후퇴하기를 청하니, 공이 웃으면서 말의 안장을 풀고 이르기를, "이곳은 내가 순절할 곳이다. 죽으면 죽었지 구차하게 살 수는 없다." 하고, 북 치는 병사를 독려하니 다투어 앞으로 나가고 한 사람도 뒤로 돌아서는 병사가 없었다. 그리하여 단병(短兵, 길이가 짧은 무기)으로 접전하고 빈주먹으로 쳐서 한 사람도 그냥 죽은 이가 없었다.

언행이 일치했던 사람, 문(文)과 무(武)를 모두 갖추었던 사람, 조헌이 전사한 것은 1592년 8월 18일이다. 조헌의 아들 조완기도 이 전투에서 전사했다. 조완기는 자기가 의병대장 조헌처럼 보이려고 일부러 화려한 옷을 입고 싸웠다고 한다. 아버지의 시신이나마 온전하게 지켜드리려는 효성이었다. 왜군은 조완기를 의병대장으로 오인하고 그의 시체를 짓이겼다고 한다.

비록 금산을 지켜낸 왜군이지만, 그들도 피해가 막심하였다. 의병에 대한 두려움도 배가되었다. 전라도 전주로 진격할 계획을 포기할 수밖에 없었다. 얼마 후 금산 왜군은 경상도 쪽으로 달아났다. 조헌의 금산 전투는 패배로 말해진다. 그런데 결과적으로 금산을 구했고 전라도를 지켰다. 전투 목적을 달성한 셈이다. 그렇다면 승리로 평가할 수도 있지 않을까.

전라도를 지키는 게 그렇게 중요했나? 그러하다. 전라도는 곡창지대다. 우리 백성과 군사의 유일한 밥줄이요, 목숨 줄이다. 지켜야 했다. 왜군에게 점령되면 그들의 군량미가 해결된다. 또 전라도가 왜군에게 떨어지면 해안의 이순신 부대도 위험해질 수 있었다. 결국 조헌의 금산 전투는 임진왜란사에서 하나의 전투 그 몇 배의 가치를 지닌다고 할 수 있다.

조헌이 가고 140여 년 뒤, 영조 임금은 어느 신하에게 조헌이 어떤 사람인지 물었다. 신하는 조헌의 일생에 대해 상세히 이야기했다. 다들은 영조는 오래도록 탄식했다. 그리고 이렇게 명했다. "조헌이 죽은 장소로 관리를 보내서 제사를 지내라, 또한 조헌과 같이 죽은 사람들에게도 제사를 올려 내가 감동한 뜻을 보이도록 하라."

왕 뿐 아니라 조정 신하들 그리고 전국의 선비와 백성 가운데 조헌을 기억하고 받든 이들이 많았다. 당대에도 그랬다. 안방준(1573~1654)이라는 이가 있었다. 그의 호가 은봉(隱峰)이다. 정몽주와 조헌을 유독 흠모하여 이들의 호에서 한 글자씩 따다 자신의 호로 삼은 것이다. 포은에서 '은', 중봉에서 '봉'을 빌어 은봉!

아버지와 함께 전투 현장에서 죽어간 조완기를 다시 생각합니다. 아버지처럼 보이려고 화려하게 입은 옷이 아른거립니다. 조헌 부자 말고도 아비와 자식이 함께 전사한 경우가 많습니다. 고경명과 아들은 금산에서 전사했습니다. 김천일 부자는 진주성 전투에서 마지막에 남강에 몸을 던졌습니다. 지금 우리 높은 사람들 가운데 군대를 회피한 사람들이 많습니다. 건강한 아들을 군 면제 받게 한 이들도 많습니다. 그러면서 애국을 말합니다.

조헌은 갔지만, 왜란은 끝나지 않았다. 본격적인 조선의 반격. 의병의 기운이 관군에게 스몄다. 관군이 초반의 패전을 극복하고 재편성되면서 힘을 내기 시작했다. 의병과의 연합작전도 거듭됐다. 의병은 순수한 민간인일까? 그렇지 않다. 전쟁 초기 지휘관의 도망 등으로 흩어졌던 관군들이 대거 의병으로 흡수되기도 했다.[86] 의병도 관군도 다 조선의 백성이다.

명나라 군대도 조선을 도우러 들어왔다. 1593년 1월, 조·명연합군은 마침내 평양성을 탈환한다. 그러나 한양 임박해서 벽제관 전투에서 패배하고 만다. 분위기가 가라앉았다. 이때 전라도 지역에서 북진해온 권율의 부대가 행주산성에서 큰 승리를 거둔다(1593.2).

명과 일본은 강화 협상을 벌인다. 일본은 추스를 시간이 절대적으로 필요했다. 뒤죽박죽 엉망진창 모든 게 잘못되고 있었다. 명도 죽을힘을 다해 싸울 이유가 없었다. 자국 병사의 희생을 최소화하고 싶었다. 왜군이 명나라 땅으로 들어가지 못하게 막기만 해도 성공이다.

협상 기간 왜군은 경상도 남쪽 해안으로 철수했다. 거기서 대규모 병력을 긁어모아 진주성을 다시 공격했다. 겨우 함락시켰다. 수많은 조선 백성이 희생됐다. 그 안에 김포 출신 심우신(沈友信, 1544~1593)도 있었다.

심우신은 심의겸의 6촌 동생으로 조헌과 동갑이다. 1567년(선조 즉위년) 식년시 무과에 급제했다. 28명 급제자 중 21등이었다. 임진왜란이 일어나자 가산을 털어 전라도 영광에서 의병을 일으켰다. 왜군과 곳곳에서 싸웠다. 김천일 등과 함께 진주성에 들어가 성을 지키다 성이

---

86) 김진수, 〈임진왜란 초 官軍의 재편과 성격에 대한 재인식〉, 《한일관계사연구》 제63집, 2019, 213쪽.

함락되고 화살마저 떨어지자 남강에 투신했다.

진주성을 무너트린 왜군, 더 이상 전진하지 못하고 물러갔다. 워낙 손실이 컸기 때문이다. 그렇게 오래도록 웅크리고 있었다. 강화 협상은 결렬됐고 전투가 다시 시작됐다. 정유년 1597년(선조 30)이다. 이번에는 약 12만 병력이 쳐들어왔다. 그들은 전라도 침공에 집중했다.

임진년 침략 때와 달리 한반도 남부만이라도 완전하게 차지하는 게 일본의 목표였다. 왜군은 남원, 전주 등을 점령하고 감정적, 보복적인 만행을 자행했다. 아이, 어른 가리지 않고 닥치는 대로 죽이고 불 질렀다. 풍신수길이 전공(戰功)의 증거로 조선 병사의 코, 귀를 요구했다. 왜군은 조선의 병사들뿐 아니라 일반 백성, 남녀노소 가리지 않고 코를 베고 귀를 베서 일본으로 보냈다. 야만의 극치였다.

그러나 조·명 연합군의 반격에 밀리기 시작했다. 바다에서도 그랬다. 비록 칠천량해전에서 기세를 올렸지만, 명량에서 이순신에게 꺾였다. 그리고 이순신의 마지막 철퇴, 노량해전이었다(1598.11). 임진왜란은 축구로 치면 경기 시작 10분 만에 3골을 먹었지만, 주저앉지 않고 악착같이 뛰어 4골을 넣은, 4:3 승리라고 하겠다. 그러나 상처가 너무 컸다.

백성의 피로 지켜낸 조선, 300여 년이 흐른 1910년, 기어이 망하고 말았다. 일제는 임진왜란 때와는 달리 조선 백성과의 정면충돌을 피했다. 그 잘난 지배 세력을 파고들어 무너트렸다. 일제강점기, 그래도 백성은 싸웠다. 쓰러지고 또 쓰러져도 독립의 깃발을 놓지 않았다. 나라 팔아먹은 돈으로 집 사고 땅 사서 떵떵거리는 족속이 있었지만, 땅 팔고 집 팔아 독립운동 자금을 대던 이들도 적지 않았다.

1945년, 드디어 나라를 되찾았다. 그리고 근 80년. 아직도 우리는 역사의 아픔을 씻어내지 못했다. 일제 강점기 30여 년간 온몸에 퍼진 독소를 온전히 씻어내려면, 시간이 더 필요한 듯하다. 녹지 않고 가라앉은 앙금은 불쑥불쑥 떠올라 우리를 아프게 찌른다. 친일파의 날개를 꺾지 못한 아쉬움도 여전히 진하다.

일본, 용서하려 해도, 용서해줄 마음이 들지 않는다. 가해자의 '당당함'(이라고 쓰고 열등감이라고 읽는다)에 차라리 측은함을 느낀다. 일본의 치졸한 경제보복으로 양국이 날카롭게 대립하던 2019년 여름, 한 · 일 외교를 분석한 한 기자는 이렇게 썼다. "'일본'은 한국민에게 단순한 나라 이름이 아니다."[87]

임진왜란 주요 전투

연도	월일	패전	승전	해당인물
1592 (임진년)	04.14	부산 함락		
	04.28	탄금대전투		신립
	04.30	(선조 피난)		
	05.03	한양 함락		
	05.07		옥포해전	이순신
	06.14	평양 함락		
	06.22			
	07.08		한산대첩	이순신
	07.09~07.10	금산전투(1차)		고경명
	08.02		청주성 수복	조헌
	08.18	금산전투(2차)		조헌
	10.04~10.10		진주성전투(1차)	김시민
1593	01.08		평양성 수복	조·명연합군
	01.27	벽제관전투		조·명연합군
	02.12		행주산성전투	권율
	04.20		한양 수복	
	06.22~06.29	진주성전투(2차)		김천일
1597 (정유년)	07.15	칠천량해전		원균
	09.16		명량해전	이순신
1598	11.18~11.19		노량해전	이순신

---

87) 김진호, '각성제가 된 아베의 일격, 한 · 일 외교 새로운 포석 기회로', 경향신문, 2019.07.20.

- 서늘한 바람 불어 꽃들 지는데

지난 오월 김포를 떠나온 이 몸
늦은 가을 이역 땅에 들어섰어라.
서늘한 바람 불어 꽃들 지는데
돌아갈 길 생각하니 산이 막혔네.88)

멀리 이역 땅에서 조헌은 고향 땅 김포를 그리워한다. 이역은 어디인가? 명나라다. 조헌이 명에 사신으로 갔을 때 심정을 적은 것이다. 1574년(선조 7), 31세 조헌은 질정관(質正官)이라는 직책으로 명나라에 다녀왔다.

중국으로 가는 사신단의 대표를 보통 정사(正使)라고 하고 그다음을 부사(副使)라고 한다. 서장관(書狀官)과 질정관(質正官)이 정사를 보좌한다. 서장관은 주로 각종 기록을 담당하고, 질정관은 말 그대로 질문을 주로 한다. 중국에 가는 김에 학문, 의례, 제도 등 궁금한 것들을 물어서 해결하는 역할이다. 원칙이 이러했고, 현실에서는 서장관과 질정관의 역할이 자연스럽게 섞였다. 그래서 한 사람에게 서장관 겸 질정관의 임무를 맡기는 경우가 잦았다.

조헌은 명에 오고가면서 보고 듣고 경험한 것들을 기록으로 남겼다. 《조천일기》가 그것이다. 아울러 중국의 문물제도 가운데 우리가 배워서 개혁해야 할 다양한 내용을 따로 정리해서 임금에게 상소문을 올렸다.

이 상소에서 눈에 띄는 것은 조헌의 신분관이다. "신이 본 바로는 중국의 인재를 등용하는 길은 매우 넓어서 오직 재능이 있으면, 문벌이

---

88) 곽재우 외 8인 씀, 오희복 옮김, 《임진년 난리를 당하매》, 보리, 2011.

나 지역을 논하지 않습니다."라고 하면서 조선에서의 신분제 개혁을 요구했다. 신분보다는 능력이 중요하다며 서얼에 대한 차별을 폐지하자고 했다. 노비라도 남을 가르칠만한 학문 능력을 갖추었다면, 양반자제들을 가르칠 수 있어야 한다고 했다. 양반이 노비에게 가르침을 청할 수 있다는, 노비도 양반의 스승이 될 수 있다는 인식이다.

평소 조헌은 노비를 재산이 아닌, 자신과 같은 인간으로 인식하고 대우했다. 노비에게 시켜야 할법한 궂은일을 어릴 때부터 손수 했다. 귀양 가서도 그러했다. 이런 이야기도 전한다. 어느 날 성혼이 심부름 보낸 노비가 조헌 집에 왔다. 성혼의 편지를 갖고 온 것이다. 조헌은 그 노비를 친구처럼 반갑게 맞고 음식을 대접했는데, 겸상했다고 한다. 이밖에 조헌은 과부의 재혼을 허용하자고 주장했는데, 시대를 앞서가는 제안이었다. 중국의 관리 임용과 조선의 그것을 비교하면서 조선의 문제점을 지적한 부분도 주목된다.

> 동쪽에서 빼내어 서쪽에 보충하고 아침에 임명하였다가 저녁에 교체하는 것을 면치 못하니, 경외 관원이 자기가 맡은 일이 무슨 일인지도 모르며 앉은 자리가 미처 따뜻해지기도 전에 이임하는 경우도 있습니다.[89]

관리 임용, 발령을 원칙에 따라 일관되게 진중하게 해야 한다는 주장이다. 오늘날 지자체장들이 귀담아들을 부분이 아닌가 싶다. 공무원의 능력에 맞게 적재적소에 배치하고 일이 익을 때까지 근무 기간을 확보해주는 것이 필요하다. 그런데 능력보다는 자기 사람 심기가 우선이고, 너무 쉽게 빈번한 자리 교체가 이루어지는 경우도 있는 것 같다.

조헌의 중국 보고서는 이후 실학자 박제가 등에게도 영향을 주었다.

---

89) 《선조수정실록》 7년(1574) 11월 1일.

한편 질정관 조헌의 상소를 실록에 옮긴 사관(史官)은 이런 평가를 남겼다.

> 조헌은 경국제세(經國濟世)의 뜻을 지녀 글을 읽거나 이치를 궁구
> 할 때 현실에 시행하는 것을 목표로 삼았다. 한 차례 중국에 들어가
> 몇 개월간 객관에 머물면서 여러 가지를 알아보고 물어서 거의 빠
> 뜨린 것이 없었으니, 그 부지런하고 충직한 말은 과거에도 없었던
> 일이다.90)

우리에게 기억되는 조헌의 이미지는 원칙, 강직, 정의, 충절, 이런 단어들로 모인다. 강하고 빈틈없고 차가운 느낌. 그러나 그도 인간적인 허술함이 있었다. 그 허술함이 조헌을 한결 편하게 만나도록 도와준다.

《조천일기》에 의하면, 조헌은 사신으로 떠나기 전날 술을 마시고 취했다. 지인들이 그를 위해 마련한 술자리였다. 술에 약한 체질이었던 것 같다. 누웠다가 늦게야 정신 차리고 보니, 사신단이 이미 출발해버렸다. 첫 출근 날 지각한 꼴이다. 조헌은 아차 싶었을 것이다.

이런 일도 있었다. 북경 가는 길. 순안에서 생긴 일이다. 몇 년 전 정주에 근무할 때 인연을 맺었던 기생이 조헌을 찾아왔다. 놀랍기도 하고, 반갑기도 했겠지. 그런데 그 기생이 대여섯 살 되어 보이는 사내아이를 데리고 왔다. 혹시?

조헌의 아들이었다. 그 복잡한 심경이 어떠했을까. 조헌은 아주 간단하게 적었다. "아비가 제 자식을 만나니 그 마음이 어떠하겠는가." 그 아들 이름이 조완도인 것 같다. 며칠 후 조헌은 이렇게 적었다. "아! 슬프다! 군자가 마땅히 멀리해야 할 것이 기생인데 처음에 조심하지 못했으니 자제들은 본받아서는 안 된다."

---

90) 《선조수정실록》 7년(1574) 11월 1일.

조헌은 1544년(중종 39)에 김포 감정동에서 태어났다. 공부를 참으로 열심히 한 것 같다. 《임하필기》에 "조헌은 학문을 좋아하여 항상 촌음도 아꼈다. 집안이 가난하여 몸소 농사를 지었는데, 혹 밭에서 소를 먹여 기를 때에도 책을 놓은 적이 없었고, 날마다 땔나무를 해다가 그 불에 비춰 책을 읽었다."라고 나온다. 모내기하면서도 책을 봤다는 이야기까지 전한다. 바가지를 띄우고 그 안에 책을 펼쳐 놓고 읽으며 모를 심었다는 것이다. 이 정도라면, 형설지공을 능가하는 셈이다.

18세 때인 1561년(명종 16)에 영월 신씨와 혼인했다. 22세에 성균관에 들어갔다. 과거에 급제한 것은 선조가 즉위한 해인 1567년, 24세 때이다. 33명 급제자 중 19위였다. 교서관에서 근무했다. 교서관은 각종 책을 편찬하던 기관이다. 향 등 제사 물품도 관리했다.

이때 대비가 불공에 쓰려고 향을 보내라 명했다. 일개 하급 관원인 조헌은 거절했다. 교서관에서 관리하는 향은 종묘사직을 위한 나라 제사에나 쓰는 것이지, 아무리 대비라고 해도 사사로이 쓸 수 있는 게 아니라고 했다. 대비의 명을 받은 내시가 두 번 세 번 와서 향을 요구했지만, 끝내 내주지 않았다.

옳다고 여기는 것은 목에 칼이 들어와도 지키고, 그르다고 여기는 것은 타협 없이 배척하고 또 거리낌 없이 비판하는 강단의 소유자였다. 이후 호조 좌랑, 예조 좌랑, 공조 좌랑 등을 역임했다. 조헌의 관직생활에서 두드러진 특징은 지방 교수를 여러 번 맡았다는 것이다.

당시 교수란 목(牧) 이상 고을의 향교에서 학생을 가르치던 선생님을 말한다. 과거 그것도 문과 급제한 사람들은 향교로 가는 걸 아주 싫어했다. 이왕이면 조정에서 근무하고 싶어 했다. 어떻게 해서든 향교로 가지 않으려 했다. 그러나 조헌은 교육의 중요성을 인식하고 기꺼이 지방으로 갔던 것 같다. 참된 교육자상이다.

온성도호부(1566), 정주목(1568), 파주목(1570), 홍주목(1571), 공주목 (1586) 등에서 학생들을 가르쳤다. 나중에 의병을 일으킬 때 제자들의 도움을 받기도 했다. 지방 수령이 된 제자가 병력을 보내주기도 했고, 금산전투 등에 의병으로 동참한 이들도 있었다. 한편 조헌 (1544~1592)이 파주목 교수로 있을 때 성혼(1535~1598), 이이 (1536~1584)와 인연을 맺게 되었다. 홍주목 교수 때는 이지함 (1517~1578)을 찾아가 가르침을 청했다.

함경도 온성도호부에서의 직책은 훈도였다. 이때는 과거 급제 전이었다. 일종의 특별 채용 형식으로 선생님이 되었다. 이후 정주목부터 직책이 교수다. 큰 고을 향교에는 교수를 파견하고 작은 고을 향교에는 훈도를 파견하는 것이 원칙이었다. 훈도는 종9품, 교수는 종6품이다.

조헌 관련 글을 읽다 보면, 그가 공주 제독관(提督官)으로 나오는 경우가 있다. 무슨 군사 관련 직책처럼 보인다. 하지만 제독관은 향교 교육을 강화하기 위해 1586년(선조 19) 1월 1일에 새로 설치한 관직이다. 그러니까 제독관은 군대 관련 직책이 아니라 향교를 감독하면서 교육도 하는 선생님이다. 실록에 의하면 조헌이 공주 제독관으로 임명된 것은 1586년 10월 1일이다. 제독관과 교수를 겸한 것으로 이해하면 될 것이다.

조헌은 지방관으로도 근무했다. 통진현감, 보은현감 등을 지냈다. 통진현감 때는 잘못한 노비를 엄히 다스리다가 그 노비가 죽는 바람에 탄핵을 받아 부평으로 귀양 갔다. 죽은 노비는 내수사(內需司, 왕실 재정을 관리하는 관청) 소속이었는데 궁궐의 권위를 이용해 위세를 부렸다고 한다. 귀양 3년 만에 해배되었다. 1575년에 통진현감이 되어 1577년에 부평으로 유배되었다가 1580년에 풀려난 것이다.

조헌을 길주 영동역에 정배(定配)시켰다.91)

1589년(선조 22) 5월 5일, 실록에 이렇게 나온다. 조헌이 이번에는 함경도 길주 영동역으로 귀양 갔다. 그가 올린 상소 때문이었다. 사실 조헌은 성균관 학생 시절부터 빈번하게 상소를 올려왔다. 나라 정책의 잘잘못을 지적하고 각종 개혁을 요구했으며 비리에 대한 비판도 서슴지 않았다. 그런데 이번 상소는 파괴력이 컸다. 조정 인사들을 대거 비판하고 나섰다. 불의를 못 본 척하지 못하는 강직함이 그대로 드러났다. 조정은 발칵 뒤집혔다. 조헌에 대한 처벌을 청하는 사람들이 많았다. 사헌부, 사간원 등도 조헌에게 벌줄 것을 요구했다. 어쩔 수 없이 적이 많았다. 결국 조헌은 먼 유배 길에 올라야 했다.

그러나 무조건 조헌만 옳다고 편들기 어렵다. 조헌은 동인들이 이이와 성혼 등을 비판하자 적극적으로 편들고 나섰다. 공주 교수 시절 조헌은 "소를 올려 이이·성혼의 학술의 바름과 나라에 충성한 정성을 극력 진술"[92]하기도 했었다. 이이와 성혼은 조헌이 스승으로 모시던 서인이다. 붕당을 따지자면 조헌도 서인이다. 그가 강하게 비판한 인사들은 이산해, 이발 등 동인이었다. 조헌도 붕당정치의 굴레에서 벗어나지 못했던 것이다.

조헌이 유배 생활하고 6개월 쯤 됐을 때 선조가 명했다. "조헌을 귀향 보낸 것은 실로 나의 뜻이 아니다. 그 사람을 죄줄 수 없으니 석방하라."[93] 이렇게 풀려났다. 정여립 사건을 계기로 동인 세력이 약해지면서 서인 조헌에게 내려졌던 벌이 취소된 것이다. 조헌이 일찍이 정여립을 비판했던 것도 풀려나는데 한몫했다. "실로 나의 뜻이 아니었다"는 선조의 말이 좀 거시기하다.

---

91) 《선조실록》 22년(1589) 5월 5일.
92) 《선조실록》 19년(1586) 10월 20일.
93) 《선조실록》 22년(1589) 11월 3일.

유성룡이 김성일에게 말하기를, "그대가 황윤길의 말과 고의로 다르게 말하는데, 만일 병화가 있게 되면 어떻게 하려고 그러시오?" 하니, 김성일이 말하기를, "나도 어찌 왜적이 나오지 않을 것이라고 단정하겠습니까. 다만 온 나라가 놀라고 의혹 될까 두려워 그것을 풀어주려 그런 것입니다." 하였다.[94]

임진왜란 전 선조는 일본에 통신사라는 이름의 사신단을 파견했다. 돌아온 황윤길은 일본이 침략할 것 같다고 보고했다. 선조는 풍신수길이 어떻게 생겼더냐고 물었다. 황윤길은 "눈빛이 반짝반짝하여 담과 지략이 있는 사람인 듯하였습니다."라고 답했다. 반면에 김성일은 일본이 쳐들어올 것 같지 않다고 보고했다. 풍신수길의 생김새를 "눈이 쥐와 같으니 족히 두려워할 위인이 못됩니다."라고 대답했다.

사실 김성일도 일본의 침략 가능성을 인식하고 있었다. 유성룡이 전쟁이 나면 어쩌려고 그렇게 말했느냐고 물으니 나라사람들이 두려워할 것 같아서 그렇게 얘기했다고 했다. 일본에서 황윤길의 처신은 너무 물렁했다. 무례한 왜인들의 언행을 모르는 척 했다. 그러나 김성일은 당당하고 반듯하게 행동했다. 조선 대표로서의 품격을 유지했다. 그래도 일본 침략 가능성을 부정한 것은 잘못이다.

- 돌에 머리를 쿵쿵 찧어도

한편 황윤길 등이 귀국할 때 일본 사신도 같이 조선에 왔다. 이때 조헌은 벼슬에서 물러나 옥천에 살고 있었다. 후율정사(後栗精舍)에서 학문하며 제자를 길러냈다. '후율(後栗)'은 율곡 이이를 잇는다는 의미라고 한다. 그런데 그 먼 옥천에서 한양까지 걸어가서 간절한 마음으로 임금에게 다시 상소를 올렸다.

---

94) 《선조수정실록》 24년(1591) 3월 1일.

"조헌이 궐하(闕下)에 엎드려 상소에 대한 비답이 있기를 기다렸으나 내리지 않자 머리를 돌에다 찧어 피가 얼굴에 가득하여 보는 사람들도 안색이 위축되었다.[95]

머리를 스스로 돌에 찧을 정도로 조헌은 절박했다. 일본의 침략을 확신하고 대책을 촉구했던 것이다. 이때가 1591년, 임진왜란 1년 전이다. 그런데 조헌은 이미 몇 년 전부터 일본이 쳐들어올 것이라고, 대비책을 마련해야 한다고 말했었다. 그러나 마이동풍이었다. 이번 상소에 구체적인 대책을 담았는데, 대략 이런 내용이다.

왜는 우리나라는 물론 명나라까지 침범하려 할 것이다, 능력 있는 장수를 선발하여 방어 태세를 갖추자, 당장 왜의 사신을 목 베어 왜에 맞설 것임을 공포하고, 명나라에 이 사실을 알리자, 왜국 안에 풍신수길에 반대하는 세력이 있으니 그들에게 연락해서 풍신수길을 위협하게 하자, 유구국(琉球國, 지금의 오키나와. 당시에는 일본 영토가 아닌, 별도의 독립국이었다)에도 우리의 뜻을 알려 일본에 맞서게 하자.

그러나 선조는 묵묵부답. 조헌은 통곡하며 옥천으로 돌아갔다. 이 정도면 '에이 모르겠다, 될 대로 되라. 내가 벼슬아치도 아니고' 주저앉고 말 것도 같은데, 조헌은 그렇게 하지 않았다. 어떡하든지 왜적을 막아보고자, 백성을 살려보자, 애썼다. 아들을 시켜 북쪽으로 편지도 보냈다.

조헌이 옥천으로 돌아가 아들 조완도를 시켜 평안감사 권징과 연안부사 신각에게 글을 보내어 참호를 깊이 파고 성을 완전히 수리해서 왜적의 침략에 대비하기를 권했는데, 권징은 그 글을 보고 크게 웃으며 말하기를 "황해도·평안도에 어찌 왜적이 올 리가 있겠는가.

---

95)《선조수정실록》24년(1591) 3월 1일.

돌아가 그대 부친에게 부디 다시는 이런 말을 하지 말라고 하게."
하였다.

그러나 신각은 그 말을 옳게 여겨 기계(器械)를 대대적으로 수리하고 성안으로 봇물을 끌어들여 큰 못을 만들었다. 뒤에 왜란이 일어나자 이정암이 성을 지켜 온전할 수가 있었으므로 고을 사람들이 신각이 사전에 준비한 공로를 추모하여 아울러 비석을 세워 그 공을 기렸다.96)

고독한 애국자 조헌, 그는 선견자(先見者)이기도 했다. 앞을 내다보는 능력이 그에게 있었다. 그래서인가 다음과 같은 전설이 전해온다.

김포에 여우재라는 고개가 있다. 어린 조헌이 이 고개를 넘어 서당에 다닐 때였다. 어느 날 여인이 나타나 조헌을 끌어안고 입을 맞췄다. 다음날도 그다음 날도 그랬다. 그럴수록 조헌의 얼굴이 수척해졌다. 서당 선생님이 무슨 일이 있는지 물었다. 조헌은 선생님에게 여인과의 일을 이야기했다. 그러자 선생님이 물었다.

"그 여자가 입 맞출 때, 구슬을 네 입에 넣었다가 다시 제 입으로 가져가곤 하더냐?"

"예, 그랬습니다. 스승님"

"그 여자는 인간이 아니고 여우다. 너의 정기를 빼앗는 중이다. 다시 입을 맞출 때, 구슬이 네 입에 들어오거든 빼앗기지 말거라."

다음 날, 조헌은 선생님이 시킨 대로 구슬을 입에 물고 돌려주지 않았다. 여인은 슬피 울다가 흰여우로 변하더니 숲속으로 사라졌다. 놀란 조헌은 자기도 모르게 구슬을 꿀꺽 삼키고 말았다. 그 신비한 구슬의 힘으로 조헌은 지상에서 일어나는 일을 환히 알 수 있는 능력을 갖추게 되었다고 한다.

---

96)《선조수정실록》24년(1591) 3월 1일.

《토정비결》로 잘 알려진 이지함이 조헌과 아주 가까웠다. 두 사람은 서로에게 긍정적인 영향을 주었다. 어떤 이가 이지함에게 참 인재가 누구냐고 물었다. 이지함은 딱 한 사람 조헌을 말했다. 가난함에도 도(道)를 즐기고 나라를 근심하며 임금을 사랑하는 이가 조헌이라고 말했다. 그러자 그 어떤 이가, 조헌이 의롭고 절개 있는 인물임은 세상 사람이 다 알지만, 행정 실무 능력은 미흡하지 않느냐고 물었다. 그러자 이지함의 대답, "자네 같은 무리는 조헌의 사람됨을 알지 못할 것이네."

이지함은 또 이런 말도 했다. "다만 여식(조헌)이 나를 스승으로 하는 것을 알 뿐 여식이 진정 내 스승인 줄은 모른다."[97] 이지함이 1517년생, 조헌은 1544년생, 나이 차이가 거의 30세에 이른다. 그런데 이지함은 제자 조헌이 자신의 스승이기도 하다고 말했다.

우리 사회는 나이에 부여되는 권위가 아주 강하다. 나이로 경계를 가르는 배타성도 여전하다. 학교에서는 한 살만 많아도 하늘같은 선배다. 사람들은 유학의 영향이라고 말한다. 그렇지 않은 것 같다. 유학을 공부하던 조선시대 사람들은 나이를 초월해 벗이 되었다. 10살 넘는 나이 차이에도 얼마든지 절친이 되었다.

그럼 유학에서 강조하는 장유유서는 뭔가? 원래 장유유서는 사회윤리가 아니라 가족윤리였다고 한다. 남이 아니라 집안 친척끼리 따지는 상하 질서다. 집안에서 나이로 윗사람, 아랫사람을 구분하지 않았다. 항렬로 구분했다. 항렬이 높은 사람이 윗사람이다.

그래서 노인이 청년에게 존대하고, 어른이 아이에게 삼촌이라고 부르는 일이 흔했다. 가까운 친척은 상하 관계를 바로 알 수 있으나 먼 친척은 누가 윗사람인지 따져보아야 안다. 나이를 따지는 게 아니라 항렬로 따져보는 것이다.[98]

---

97) 신병주, 《이지함 평전》, 글항아리, 2009, 121쪽.
98) 장유승, '장유유서의 오해', 경향신문, 2018.11.08.

아무튼 조헌의 피 끓는 충언은 받아들여지지 않았다. 시간은 자꾸 흘렀다. 전쟁이 임박한 1591년 가을, 조헌이 고향 김포에 왔다. 조상 묘소를 돌보러 왔다. 성묘하면서 꺼이꺼이 울었다. 오십이 다 된 사내의 통곡이라니. 그러면서 사람을 만날 때마다 "내년에는 반드시 병란이 있을 것이니, 이제 서로 보기는 어려울 것이오." 하였다.

말이 퍼져 나갔다. 그러자 조헌의 친척 어른 한 분이 타일렀다. "자네가 대궐 앞에 거적을 깔고 도끼를 가지고 대죄하면서 내년에 병란이 일어난다고 말했다는 걸 들었네. 많은 이가 비웃고 손가락질했다고 하더구먼. 그런데 여기까지 와서 망령된 말을 자꾸 해서야 되겠는가. 고을 사람들이 불안해하지 않는가."

조헌이 대답하였다. "천문을 살펴보니, 내년에 일어날 병란은 우리나라가 생겨난 이후로 일찍이 없었던 큰 변란입니다. 바라건대 아저씨는 내 말을 망령되다 하지 마시고 미리 피난 계획을 세우시는 게 좋겠습니다." 하였다.

상소를 올릴 때 도끼를 가지고 가는 것은 "제 말이 틀렸다면 이 도끼로 제 목을 치십시오.", "제 요청을 받아주시든지, 아니면 제 목을 치십시오." 정도의 의미이다. 꽤 극단적인 방법이다. 임금은 상당한 부담을 느꼈을 것이다. 이를 지부상소(持斧上疏)라고 한다.

결국 왜적이 쳐들어왔고, 그렇게 거기 금산에서 조헌은 순절했다. 그때 나이 49세였다. 자는 여식(汝式), 호는 도원(陶原)·후율(後栗)·중봉(重峯) 등을 썼다. 중봉이 널리 알려져 있다. 시호는 문열(文烈)이다. 아버지는 조응지, 어머니는 차순달의 따님이다.

실록에 조헌의 일생을 한마디로 압축한 표현이 있다. "사신은 논한다. 조헌은 어버이에게 효도하고 임금에게 충성하여 마침내 절의에 죽었고 보면, 그 이름이 해·달과 빛을 다투어 만대에까지 전할 만하니, 어찌 한 세상에만 빛날 뿐이겠는가."[99]

조헌은 엄청 효자였습니다. 어릴 때부터 직접 나무를 해다가 부모님 방에 불을 때서 따뜻하게 주무시게 했습니다. 명나라에 사신으로 갔던 몇 개월 부모님이 그리워 그 심정을 담아 시를 짓곤 했습니다. 어렵게 아버지 옷을 사옵니다. 처자식 옷은 사오지 못한 것 같습니다.

그가 보은현감으로 가게 된 사연도 효였습니다. 어머니를 봉양하려고 보은현감으로 발령 내 달라고 임금에게 요청했던 것입니다.[100] 어머니의 고향이 충청도 보은입니다. 보은은 옥천과 닿아 있습니다. 조헌이 옥천에 살게 된 것도 이와 관련이 있는 것 같습니다.[101]

그런데 그 어머니는 친어머니가 아닙니다. 낳아주신 어머니가 돌아가신 후, 아버지가 새로 들인 새어머니입니다. 새어머니는 어린 조헌을, 낳은 아들로 여기고 키웠습니다. 조헌은 새어머니를 친어머니 이상으로 살뜰하게 봉양했습니다.

새어머니에게 양육되던 어느 날, 조헌이 외가댁에 갔답니다. 돌아가신 어머니의 친정이지요. 외할머니가 조헌에게 새어머니 흉을 봤습니다. 조헌이 잠자코 듣고 집에 왔습니다. 이후 오래도록 외가댁에 가지 않았습니다. 한참 후에야 외가댁에 갔더니 외할머니가 물으셨지요. 왜 이렇게 오랜만에 왔느냐고. 조헌의 대답이 이러했답니다. "지난번에 외할머니께서 어머니 흉을 보셨는데, 자식으로서 차마 들을 수가 없었기에 오지 않았습니다."[102]

> 함경도에까지 임금님 은혜 두텁구나
> 남쪽에 계신 어머님 병환 깊은데
> 마천령 넘어 돌아가는 날 있으니

99) 《광해군일기》1년(1609) 6월 24일.
100) 《선조수정실록》 19년(1586) 10월 1일.
101) 김영헌, 《권율과 전라도 사람들》, 심미안, 2012, 104쪽.
102) 이하준, 《중봉 조헌과 그의 시대》, 공간미디어, 2010, 26~27쪽.

감격의 눈물 흘려 옷깃 적시네.

    함경도 길주에 유배 가서도 홀로 되신 어머니만 걱정했나 봅니다. 유배에서 풀려 돌아올 때 지은 시에도 아픈 어머니를 염려하는 마음이 그득합니다. 아버지가 돌아가셨을 때 조헌은 장례에 참석하지 못했습니다. 하필 그때가 통진현감 하다가 부평으로 귀양 가 있을 때라서 올 수 없었답니다. 자식을 기다리다, 기다리다, 못 보고 눈감은 아버지 마음, 부평에서 가슴만 쳐댔을 아들 조헌의 심정, 짐작이 갑니다.

    효행에 관한 글을 읽으면 어떠신가요. '부럽구나, 본받아야지.' 이렇게 생각하시는 분은 이미 효자입니다. '아이고, 부담스럽다.' 이렇게 여기는 분은 효자가 아닐 수 있습니다. 저는 상당히 부담스럽습니다. 부모에 대한 효는 자식이 보고 배웁니다. 아버지와 함께 금산 전투에서 전사한 조헌의 아들 조완기처럼.

- 영원히 살다, 우저서원

    조선 최초의 서원은 백운동서원이다. 1543년(중종 38) 풍기군수 주세붕이 세웠다. 풍기는 지금의 경상북도 영주 지역이다. 백운동서원은 풍기 출신인 고려 후기 유학자 안향(1243~1306년)을 모셨다. 몇 년 뒤 풍기군수로 부임한 이황이 임금에게 사액(賜額)을 요청했다.

    사(賜)는 임금이 하사, 즉 내려준다는 뜻이고 액(額)은 현판이다. 지금 흔히 쓰는 말로 액자나 간판 같은 걸 말한다. 서원 이름을 쓴 현판을 나라에서 내려주는 것이 '사액'이다. 1550년(명종 5) 백운동서원은 소수서원(紹修書院)이라고 쓴 현판을 임금에게서 받았다. 임금이 사액해주었기에 이를 사액서원이라고 한다. 사액을 받았다는 것은 국가 공인 서원이 되었다는 의미이다. 이렇게 해서 백운동서원의 이름이 소수서원으로 바뀌게 되었다.

사액서원은 국가 공인 서원이라 일반 서원과 격이 다르다. 사액서원이 되면 나라로부터 노비와 책도 받는다. 약간의 토지를 받거나 서원 소유 땅에 대한 세금을 면제받기도 한다. 그래서 서원마다 사액서원이 되려고 애썼지만, 쉬운 일은 아니었다.

김포 우저서원(牛渚書院)은 조헌을 모신 사액서원이다. 1648년(인조 26)에 조헌이 살던 집터에 세워졌다. 사액 된 것이 언제인지 명확하지 않다. 공신력 있는 기관의 인터넷 사이트와 대부분의 연구물에 1675년 (숙종 1)에 사액 되었다고 나오는데, 그 근거가 찾아지지 않는다. 실록 등에 관련 기록이 남아있기는 하지만, 내용이 조금씩 다르고 시기가 애매해서 단정짓기 어렵다. 관련 사료들을 검토해보자.

> 김포 유생 이만춘 등이 상소하여, 문열공 조헌의 서원 액호(額號)를 청하니, 상이 담당 부서에 내렸는데, 후에 송준길의 말로 인하여 액호를 하사하였다.
> 《현종실록》 10년(1669) 3월 10일.

1669년(현종 10) 3월 10일에 이만춘이 김포의 서원에 사액해 달라고 했다. 현종은 바로 해주지 않고 나중에 송준길의 청을 받고서야 사액했다. 그런데 송준길이 조헌 등을 모신 서원에 대한 사액을 요청한 것은 이만춘 상소 다음 날인 3월 11일이다.

> 송준길이 인동의 길재, 밀양의 김종직, 김포의 조헌의 서원, … 모두 사액하기를 청하니, 상이 따랐다. … 인동과 밀양 역시 일찍이 사액을 청하였으나 얻지 못하였는데, 이때 일체로 시행하였다.
> 《현종실록》 10년(1669) 3월 11일.

이 기록에 따른다면, 의심할 것도 없이 우저서원으로 사액 된 해가 1669년(현종 10)이 된다. 그런데 같은 날의 《승정원일기》 내용은 《현종실록》과 다르다. 3월 11일에 송준길이 현종에게 김포의 서원 등을 사액해달라고 요청한 것은 사실이다.

《승정원일기》에 의하면, 현종이 일단 사액을 거절한다. 조헌 등을 모신 서원에 이미 사액했는데, 또 그들을 모신 다른 서원을 추가로 사액할 수 없다고 했다. 금산 성곡서원에 조헌이 배향됐는데, 1663년(현종 4)에 이미 사액했다. 그러니 조헌을 배향한 김포의 서원은 사액할 수 없다는 것이다. 그래도 송준길이 거듭 청하자 현종은 인동과 밀양의 서원만 사액하도록 했다.103) 김포는 뺐다.

《현종실록》을 따르면, 우저서원이 사액 된 해가 1669년이지만, 《승정원일기》를 따르면 아직 아니다. 한편 《중봉선생문집》 부록에는 1670년(현종 11년)에 사액 되었다고 나온다. 우저서원 현판에는 1671년

▲ 우저서원

---

103) 《승정원일기》 10년(1669) 3월 11일.

(현종 12)에 사액 받은 것으로 새겨져 있다고 한다. 그래서 1670년에 사액이 결정됐고, 현판을 실제로 받은 해가 1671년일 것으로 추정한 연구가 있다.[104]

마지막으로 하나만 더 살펴보자. 이번엔 《신증동국여지승람》이다. 여기에는 우저서원 세운 해와 사액 받은 해가 이렇게 나온다. "인조 무자년에 세웠고, 현종 신해년에 사액하였다." 인조 무자년은 1648년이고 현종 신해년은 1671년이다.

우저서원이 사액서원이 된 때를 언제로 보아야 할까. 1670년 아니면 1671년이다. 정설처럼 되어있는 1675년(숙종 1)은 아니다. 만약 시청이나 교육청 또는 학교에서 우저서원의 연혁을 정리해야 한다면, 사액된 해를 몇 년으로 적어야 할까. 이런 식으로 하는 것이 무난할 것 같다. "《신증동국여지승람》에 의하면, 1671년(현종 12)에 사액 되었다."

서원은 조선시대의 교육기관이다. 향교가 공립이라면 서원은 사립이다. 서원은 학교 기능 외에 학덕 높은 선현을 배향하는 사당의 기능도 한다. 그러니까 조선시대 사립학교 겸 사당이 서원인 것이다.

우저서원처럼 선현 한 분만 모신 서원이 있고 여러 선현을 함께 모신 서원도 있다.

조선 후기로 가면서 서원의 순기능이 약해지고 부정과 혼란의 온상이 되어갔다. 무엇보다 서원이 너무 많아졌다. 많을 때는 천 개가 넘었다고도 한다. 개선이 필요했지만, 쉬이 되지 않았다. 그러다가 흥선대원군에 의해서 거의 모든 서원이 철폐된다. 전국에 딱 47개 남기고. 우저서원은 보존된 47개 서원 가운데 하나다.

김포에 조헌을 모신 곳이 우저서원 말고 또 있을까? 있다. 김포향교

---

104) 이하준, 〈우저서원의 역사〉, 《서원향사》, 국립무형유산원, 2014, 129쪽.

와 통진향교에도 조헌이 모셔져 있다. 아니, 전국의 향교에 다 모셨다. 향교는 고려부터 조선시대까지 지방 교육을 담당하던 학교다. 나라에서 운영했다. 그런데 공자를 모시는 사당을 겸했다. 공자와 함께 맹자 등 그의 제자를 함께 배향했다. 아울러 우리나라 선현 18분도 모셨다. 18현 가운데 한 분이 조헌이다.

18현에 나라를 지킨 유명한 장군들은 포함되지 않았다. 조헌이 향교에 모셔진 것은 임진왜란 때 왜군에 맞섰던 업적 때문이 아니다. 그의 학문이 높고 절의 정신이 탁월했기에 그리된 것이다. 의병장이라는 '훈장'이 너무 빛나다 보니 그의 깊고 높은 학문과 문장이 가려지는 감이 있다.

08

일평생 나라의 방패, 장만

때는 1624년(인조 2), 2월 11일. 한양 도성 서북쪽 안현(鞍峴), 지금
의 무악재에서 피 튀기는 대규모 전투가 벌어졌다. 도성을 지키려는
자와 빼앗으려는 자. 쉬 승부를 예단할 수 없는 격전이다. 임진왜란은
끝났고, 그러면, 정묘호란인가? 아니, 아직은 아니다.

승부는 어떻게 되었나. 도성을 지키려는 자가 졌다. 그 주인공은
이괄. 반란을 일으켜 도성까지 장악했던 이괄은 남은 병력을 이끌고
경기도 이천으로 도망갔다. 그러나 이괄의 부하들이 이괄을 죽이고
정부군에 투항했다. 광해군을 배신하고 인조를 배신했던 이괄이 결국
에는 믿던 부하들에게 배신을 당하면서 비참한 최후를 맞았다.

이렇게 난이 진압되었다. 장만이 정충신, 남이흥 등과 함께 이 반란
을 진압했다. 정부군 병사도 반란군 병사도 모두 조선의 귀한 생명인데
서로 싸우며 죽어가야 했다. 장만은 반란 진압 과정에서 건강이 아주
나빠졌다. 한쪽 눈을 실명했다. 오래도록 앓아 온 눈병이 점점 심해져
시력을 잃은 것이다.

- 배신은 배신을 부른다

왕이 북쪽 후원의 소나무숲 속으로 나아가 사다리를 놓고 궁성을
넘어갔는데 젊은 내시가 업고 가고 궁인 한 사람이 앞에서 인도하
여 사복시 개천가에 있는 의관 안국신의 집에 숨었다.[105]

한때 세상을 호령하던 광해군, 왕으로서 마지막 모습이 너무도 초라하다. 의관 집에 숨었던 광해군은 폐위되어 강화로 유배됐다. 인조의 시대가 열렸다. 인조반정에 주도적으로 참여했던 인물들이 실록에 자세히 나온다. 앞으로 언급하게 될 몇 사람만 옮겨본다. 김류, 이귀, 최명길, 이괄, 김경징, 장신.

그러하다, 이 안에 이괄(1587~1624)이 있다. 형조좌랑·태안군수 등을 지냈다. 반정에 참여해서 중요한 역할을 했다. 인조는 그를 좌포도대장에 임명했다가 1623년(인조 1) 6월에 평안병사 겸 부원수로 삼아 국경 수비를 맡긴다.

> 이때 이괄의 얼굴에 화난 기색이 역력하므로 신경진이 손을 잡으며 송별하면서, "영감이 이번에 가게 될 길은 우리들도 모두 한 번씩은 거쳐야 할 것이니, 영감이 임무 마치고 오시면 내가 대신 가겠소." 하자 이괄이 벌컥 성을 내며, "나를 내쫓아 보내는 것이오. 영감은 속이지 마시오." 하였다.106)

이괄은 자신을 멀리 변경으로 보내는 조치에 화를 냈다고 한다. 인조가 이런 결정을 한 것을, 이괄을 권력에서 떼어내려는, 일종의 좌천으로 인식하는 경향이 있다. 그러나 인조가 그를 신임한 결과로 보는 것이 더 적절할 것 같다.

반정 직전 광해군은 이괄을 북병사(北兵使)에 임명했었다. 부임하기 전에 반정이 일어났고 이괄은 거기에 뛰어들었다. 인조는 즉위 후 바로 이괄을 북병사로 보내려 했다. 여진족의 움직임이 심상치 않아서 그랬다.

105) 《광해군일기》 15년(1623) 3월 12일.
106) 《연려실기술》 인조조 고사본말.

일평생 나라의 방패, **장만** 133

김류가 아뢰기를, "북병사 이괄을 그대로 부임하게 하시겠습니까. 북방이 중하긴 하지만 나라에 근본이 되는 한양과는 같지 않습니다. 그리고 이괄은 지금 큰 공을 세웠으니 한양에 두어 의지하는 것이 마땅합니다." 하니, 상이 이르기를, "북방은 이 사람이 아니면 수습할 수 없다." 하였다. 김류와 이귀가 다시 힘써 청하자, 상이 비로소 허락하였다.107)

인조가 그랬다. 북방 경계에 이괄만한 적임자가 없다고. 신임이다. 도원수 장만도 부원수 후보의 하나로 이괄을 추천했었다. 장만 역시 이괄의 능력을 신뢰한 것이다. 아무튼 이괄은 평안도 영변으로 가서 군사들을 단련하고 방어시설을 구축하며 조선을 엿보는 후금의 침략에 대비하고 있었다.

몇 개월 뒤 반정공신이 발표됐다. 총 53명이다. 1등이 김류를 비롯해 10명, 2등이 이괄 등 15명, 3등이 박유명을 포함해 28명이었다.108) 내가 왜 2등? 1등에 포함되지 못한 이괄은 화가 치밀었을 것이다. 그러나 이게 반란의 원인인지는 확실하지 않다.

해가 바뀌었다. 이괄에게 먹구름이 몰려오고 있었다. 인조에게 이괄이 반역을 꾀하고 있다는 신고가 들어왔다. 이괄의 아들 이전과 한명련 등이 함께 모의했다고 했다. 조사에 들어갔다. 결론은 "혐의없음"이다.

그러자 이괄을 역모로 몰던 신하들이 이괄의 아들 이전은 확실히 그 짓을 했다고 주장했다. 다시 조사해보기로 했다. 조사를 맡은 사람들이 영변에 왔다. 그때 이전이 아버지 근무지인 영변에 있었기 때문이다. 이괄은 아들을 잡으러 온 사람들을 죽이고 반역의 깃발을 들었다. 한명련 등과 함께 병력을 이끌고 한양으로 내달렸다. 1624년(인조 2)

107)《인조실록》 1년(1623) 3월 15일.
108)《인조실록》 1년(1623) 윤10월 18일.

1월 22일이었다.

반란군이 한양에 가까이 오자 인조는 피난길에 올라 충청도 공주로 갔다. 반란 때문에 임금이 도성을 버리고 피난! 지금까지 조선에서 이런 일은 없었다. 2월 9일, 반란군은 한양을 점령했다. 한양을 점령한 이괄은 선조의 아들인 흥안군을 새로운 왕으로 추대했다. 잠시나마 조선에 임금이 두 명이 됐다.

이틀 뒤 안현 전투에서 이괄은 관군에 패했다. 그리고 몰락했다. 이때 관군의 지휘자가 바로 도원수 장만이다. 평안도 수비를 책임진 도원수가 부원수의 반란을 진압한 것이다. 반란이 시작될 때 이괄은 대규모 병력과 함께 영변에 있었고 장만은 평양에 있었다. 그러면 장만은 평양에서 이괄 군을 막았어야 한다. 왜 무악재까지 쫓아 내려와야 했을까.

이괄이 평양을 피해 다른 길로 돌아 내려왔기 때문이다. 이괄은 평소 "재주를 지니고 병권을 장악함에는 조정의 인물들과 비교해 볼 때 나 자신만한 사람이 없다. 다만 거리끼는 사람은 오로지 낙서공(장만) 한 사람뿐이다."[109]라고 말했다고 한다.

그러면 병력 규모는 얼마나 됐을까. 이괄의 반란군 약 12,000명이 남하를 시작했다. 그러나 중도에 4,000명 정도가 이탈했다고 한다. 관군은 4,000명 정도 되었던 것 같다.[110] 반란군 이탈은 장만이 행한 심리전의 결과이기도 하다. 관련해서 이런 이야기가 전한다.

이괄이 보낸 첩자가 정부군에게 붙잡혔다. 장만이 첩자를 방으로 불렀다. 장만은 웃옷을 풀어 몸을 드러내고 첩자에게 말했다. "찌를 수 있거든 찌르거라." 첩자는 감히 그러하지 못했다. 장만이 다시 말했

109) 장만, 《낙서집》, 장만장군기념사업회, 2018, 354쪽.
110) 이상훈, 〈인조대 이괄의 난과 안현 전투〉, 《한국군사학논총》제69집, 2013, 67~68쪽.

▲ 옥성사

다. "찌를 수 없거든 나를 위해 일해보지 않겠느냐." 첩자는 결국 장만의 사람이 되어 반란군 진영으로 돌아갔다. 돌아가서 병사들에게 장만의 뜻을 전달하며 회유했다. 여러 장수와 병사들이 장만에게로 왔다.

이괄이 반란을 일으킨 것이 심정적으로 이해되는 면이 없지 않다. 그러나 국경 넘어 상태가 심상치 않은 시기에 최전방을 지키는 장수가 병사들을 빼서 남쪽으로 내려온 것은 잘한 행동이 아니다. 1979년 12·12군사반란 때 정치군인들이 했던 행태가 오버랩 된다.

인조는 생명의 은인 장만을 도체찰사(都體察使)에 임명하고 더해서 옥성부원군(玉城府院君)으로 삼았습니다.[111] 이괄의 난을 진압한 대가로 큰 상을 내린 것입니다. 도체찰사는 전쟁이나 반란 등 비상사태 때 해당 지역의 군사적 제 권한을 행사하는 임시직입니다. 지금의 계엄사령관과 비슷한 데가 있습니다. 보통 정승이 겸합니다.

그런데 장만은 정승이 아님에도 도체찰사에 임명되었습니다. 도체찰

---

111) 《인조실록》 2년(1624) 9월 30일.

사는 4도를 관할하는 것이 원칙인데, 인조는 장만에게 8도 전체를 관할하게 합니다. 지금까지 없었던, 파격적인 권한 부여입니다. 장만은 팔도도체찰사가 된 것을 상당히 부담스러워했습니다.

옥성부원군! 부원군이 무슨 뜻인지 궁금합니다. '군(君)'이라는 호칭부터 알아보죠. 선조의 아들이 14명입니다. 그 가운데 많이 알려진 인물이 임해군, 광해군, 영창대군입니다. 다 같은 아들인데 누구는 군, 누구는 대군? 왕자 가운데 적자는 대군, 서자는 그냥 군이라고 합니다. 임해군과 광해군은 후궁인 공빈김씨가 낳았습니다. 그래서 서자입니다. 영창대군은 왕비 인목왕후의 아들입니다. 적자입니다.

광해군(光海君)은 이중적 의미로 쓰입니다. 즉위하기 전 광해군의 '군'은 선조의 서자 개념입니다. 그런데 폐위되고 나서 광해군의 '군'은 폐위된 임금이라는 의미로 쓰인 것입니다. 연산군처럼요. 만약 광해군이 폐위되지 않고 왕의 지위를 유지한 채 사망했다면 다른 임금들처럼 '종'이나 '조'가 붙은 묘호를 받았겠지요.

우리가 들어본, 군이 또 있습니다. 대원군(大院君). 왕위계승권자가 아니었던 왕족이 즉위했을 때 그 왕의 친아버지를 대원군이라고 했습니다. 선조의 아버지 덕흥대원군, 인조의 아버지 정원대원군, 철종의 아버지 전계대원군, 고종의 아버지 흥선대원군입니다. 덕흥대원군 · 정원대원군 · 전계대원군은 사망한 뒤에 그렇게 불리게 된 것이고, 흥선대원군만 살아있을 때 대원군이 되었습니다. 그래서 우리는 "대원군" 하면, 흥선대원군 이하응을 떠올리게 되지요.

이제 부원군이 남았습니다. 부원군은 두 가지 경우에 붙이는 호칭입니다. 우선 왕비의 아버지가 부원군으로 봉해집니다. 왕의 장인이 곧 부원군인 것이지요. 심연원의 아들 심강이 청릉부원군입니다. 심강의 딸이 명종 왕비였기 때문에 부원군이 된 것입니다.

왕의 장인 외에 공신으로 뽑혀 등급을 받으면 부원군이 됩니다(나라

초에는 공신을 그냥 '군'으로 봉하기도 했습니다). 장만이 옥성부원군이 되었다는 것은 그가 공신이 되었다는 의미입니다. 그러면 옥성은 뭐지? 옥성부원군의 옥성은 본관과 관련된 지역 명칭입니다. 장만은 인동 장씨입니다. 인동은 지금의 경상도 구미 지역입니다. 인동을 다른 말로 옥산(玉山)이라고 합니다. 옥성(玉城)은 옥산에서 따온 말이라고 합니다.112)

정리해보면 대군은 왕의 적자, 군은 폐위된 왕·왕의 서자·공신, 대원군은 반정 등으로 즉위한 왕의 아버지, 부원군은 왕비의 아버지이거나 공신으로 임명된 신하에게 붙이는 칭호입니다.

공신은 보통 그 공에 따라 1등~3등으로 등급이 매겨집니다. 때로 4등도 있습니다. 공신이 되면 토지와 노비를 받고 자손이 특별채용으로 벼슬을 받을 수 있는 등 여러 가지 특혜가 있었습니다. 대표적인 공신호는 개국공신(開國功臣), 정난공신(靖難功臣, 수양대군이 주도), 정국공신(靖國功臣, 중종반정), 정사공신(靖社功臣, 인조반정), 진무공신(振武功臣, 이괄의 난 진압)입니다. 장만이 바로 진무공신 1등입니다.

그러면 장만이 정사공신은 아닐까요? 인조반정에 참여했다면 정사공신 맞을 텐데? 아닙니다. 인조반정에 공식적으로는 참여하지 않았습니다. 이제 장만을 따라가 봅니다.

- 문무겸전, 옥성부원군

장만(張晩,1566~1629)의 아버지는 장기정, 어머니는 조광침의 따님이다. 자는 호고(好古), 호는 낙서(洛西), 시호는 충정(忠定). 김포에서 태어난 것으로 말해지지만, 서울에서 태어난 것 같다. 아버지 장기정이 김포 통진(하성)에 집을 마련하고 벼슬이 없을 때 내려와 살았다고

---

112) 백상태·장석규,《문무겸전의 전략가 장만 평전》, 주류성, 2018, 21쪽.

한다. 그러니까 김포는 장만이 어릴 때 생활하곤 했던 고향인 셈이다. 장만 또한 관직에서 물러났을 때 김포 집에서 살았다.[113]

26세 때인 1591년(선조 24)에 별시 문과에 급제했다. 급제자 15명 가운데 6등이다. 정기 과거에서 문과 합격자는 33인이 원칙이다. 그런 데 비정기 과거인 별시의 합격 인원은 명확하게 정해지지 않았다. 두세 명 뽑은 때도 있었고 20명을 뽑은 때도 있었다. 장만이 응시한 별시에서 는 15명을 뽑았다. 장만은 공부만 잘한 것이 아니다. 말도 잘 타고 활도 잘 쐈다.

과거 급제하고 성균관에서 근무를 시작했다. 이후 중앙과 지방의 다양한 관직 경험을 통해 경륜을 두루 쌓았다. 두각을 나타낸 부분이 국방이다. 국제정세를 정확히 파악하고 외침에 대비하는 각종 대책을 제시했다. 누구보다 먼저 여진의 동태에 주목했다. 아직 임진왜란이 종결되지 않은 1597년(선조 30), 32살, 장만은 임금에게 청했다.

> 정언 장만이 와서 아뢰었다. "북도(北道)의 방비가 허술한데 난리 를 겪은 뒤로 더 심하게 허술해졌습니다. 왜를 막는데 나라 힘을 다 써버려서 북방에는 신경 쓸 겨를이 없었습니다. 더구나 북방의 장정들을 뽑아 남쪽으로 내려보냈습니다."[114]

그래서 북방 방어 병력이 턱없이 부족하게 되었으니, 우선 내수사 소속의 노비들을 병력에 충당하자는 지방 지휘관들의 요청을 수용해 달라고 임금에게 요구했다. 당시 장만은 사간원 정언(정6품)이었다. 간쟁을 주로 하는 언관이었다. 국방관련 직책이 아니다. 그럼에도 외침 을 예방하여 나라와 백성을 보호하는 방법을 찾으려고 애쓰고 있었다.

---

113) 백상태 · 장석규,《문무겸전의 전략가 장만 평전》, 주류성, 2018, 6쪽.
114)《선조실록》30년(1597) 3월 13일.

장만이 정언으로 있을 때 대사간 등과 함께 이런 요구를 선조에게 올리기도 했다.

> "기축년의 역변 때 억울하게 죽은 사람이 지금까지 신원(원통한 일이나 억울하게 뒤집어쓴 죄를 풀어줌) 받지 못하고 있으니, 이는 진실로 인심이 다 같이 답답해하는 일입니다. 그런데 신들은 언관의 자리에 있으면서 공론을 제대로 상달하지 못하여 많은 선비의 드러난 비난을 받고 있으니, 침묵을 지키며 구차하게 참아온 잘못을 모면하기 어렵습니다. 신들을 파직시켜 주소서."115)

1597년(선조 30), 장만 등이 임금에게 청했다. 기축년에 죽임당한 이들의 억울함을 풀어달라고. '기축년의 역변'은 기축옥사(1589), 즉 정여립 모반 사건을 말한다. '침묵을 지키며 구차하게 참아온 잘못'의 타당성 여부를 떠나, 말의 어려움을 생각하게 하는 대목이다. 모두를 위해 해야 할 말을 하지 못하고 구차하게 침묵하는 비겁, 그리고 이어지는 자책. 누구든 한 번쯤 겪어보게 되는 일이다. 용기가 필요한 말, 그걸 해내는 용기, 이것도 미덕이다.

정여립 사건에 엮인 이들은 동인이다. 장만은 파직을 각오하고 그들 동인을 변호했다. 그러면 그는 동인인가? 그렇지 않다. 친분 관계를 보면 서인들과 가까웠지만, 뚜렷한 당색을 갖지 않았다. 어쩌면 이것도 용기일지 모른다. 장만은 동인·서인 나뉘어 대립하는 붕당 정치를 아주 부정적으로 봤다. 자신들과 뜻을 같이 하면 부족한 사람이라도 보호해주고, 주장을 달리하면 선량한 사람이라도 힘을 다해 배척한다고 붕당을 비판했다. 그에게 동인입니까, 서인입니까, 묻는다면, 아마도 이렇게 대답할 것 같다. "나는 동인이 아니다. 나는 서인이 아니다.

---

115)《선조실록》30년(1597) 4월 12일.

나는 나다."

　1596년(선조 29), 사헌부가 임금에게 봉산군수의 여러 잘못을 말하며 파직시킬 것을 요청했다. 거론된 봉산군수의 잘못 가운데 하나가, 명군이 오고 갈 때 도망가 숨었다는 것이다. 수령이 숨어버리니 관청 일이 엉망이 되었고 백성들이 고통을 더 겪어야 했다.[116] 임금은 봉산군수를 파직하라고 하였다.

　이상하다. 임진왜란 중이다. 왜군이 쳐들어오자 도망간 수령들이 있었다. 그런데 조선을 도와주러 온 명나라 군대가 아닌가. 왜 봉산군수는 명군을 피해 숨었을까. 명나라 군대의 횡포가 너무 심했기 때문일 것이다. 명군은 지방관이 감당하기 어려울 만큼 많을 걸 요구했고, 나쁜 짓을 서슴지 않았으며, 심지어 조선 수령을 구타하는 등 욕보이기도 했다.

　봉산탈춤으로 알려진 봉산은 황해도 사리원 근처다. 중국을 오가는 길목이다. 1599년(선조 32), 장만은 봉산군수로 부임했다. 전쟁은 끝났으나 철수 중인 명군이 봉산에 머물고 있었다. 장만은 명군을 '착하게' 만들었다. 상대에게 너무 숙이면 비굴해 보이고 비굴해 보이면 얕보인다. 상대가 우습게 알고 해코지를 더 심하게 한다.

　장만은 봉산 백성의 피해를 최소화하려고 노력했다. 명군에 대한 예의를 지키며 도울 것은 도왔다. 그리고 당당했다. 무조건 숙이지 않았다. 되는 것은 되고 안 되는 것은 안 되고, 선을 분명히 그었다. 겉은 부드러우나 속은 단단했다. 말과 글에 학식이 묻어났다. 하여 명나라 장수들도 장만을 우습게 보지 못했다. 함부로 행동하지 않고 조심하게 되었다. 비로소 봉산에 평화가 왔다.

　선조는 기분이 아주 좋았다. 그래서 상을 내린다. "봉산군수 장만은

---

116)《선조실록》 29년(1596) 6월 11일.

백성을 잘 다스리고 국사에 마음을 다하였으니 특별히 당상으로 승진시키라."[117] 군수는 종4품이다. 당상관은 정3품이다. 정3품은 당상관과 당하관으로 나누는데 같은 정3품이라고 해도 당상관과 당하관의 권위 차이가 아주 크다. 장만은 군수에서 바로 당상관이 되었다. 파격적인 승진을 한 것이다.

이후 충청감사, 전라감사가 되는데 부임지에서 군사를 키우고 군량을 비축하는 등 외침을 대비하는 노력을 게을리하지 않았다. 병조참판, 호조참판을 거쳐 1607년(선조 40)에는 다시 북쪽, 함경감사가 된다. 여진과 맞닿은 최전방이다. 이 무렵 국경에 여진 병사가 출몰하면서 긴장감이 더해지고 있었다. 장만은 대책을 강구하며 국경 상황을 수시로 조정에 알렸다.

여진족의 뿌리는 고대의 말갈이라고 합니다. 그들의 역사는 우리 역사와 직간접적으로 연결되어 있습니다. 고려시대에 윤관이 별무반을 이끌고 그들을 정벌한 후 동북9성을 쌓았습니다. 이후 여진은 금나라를 세우고 거란을 무너트린 후 송나라까지 차지하게 되지요. 송은 남쪽으로 피해가니 이른바 남송입니다. 금은 새로운 강자 몽골의 침략으로 멸망합니다(1234). 몇백 년 후 여진이 다시 역사의 전면에 모습을 드러냅니다. 명나라 말기에 누르하치가 여진족을 통합하고 후금을 세운 것입니다(1616).

여진 등 북방 유목민족은 뛰어난 기동력을 갖춰 준수한 수준의 군사력을 유지했습니다. 말 타고 사냥하는 생활 자체가 그들 하나하나를 유능한 병사로 만들었습니다. 다만, 유목생활이 곧 이동생활이라서 하나의 나라로 통합되기 어려운 한계가 있었습니다. 중국 한족 왕조에게는 다행스러운 일이었지요. 하지만 언제든 뛰어난 지도자가 나타나

---

117) 《선조실록》 32년(1599) 6월 23일.

하나의 나라로 통합하는 순간, 그 기세는 바로 한족 왕조를 능가하곤 했습니다. 송나라 때 몽골(원)이 대표적인 경우입니다.

그래서 중국 한족 왕조들은 이이제이(以夷制夷) 정책을 통해 유목민족이 통합하지 못하도록 애썼습니다. 생존을 위한 이간책이었습니다. 명나라는 여진족 '관리'에 특히 힘썼습니다. 조선도 힘을 보탰고요. 그런데 여진족이 다시 일어난 겁니다. 누루하치가 세운 후금입니다. 누루하치가 부족을 통합할 수 있었던 것은 임진왜란 덕분이기도 합니다. 명과 조선이 일본에 맞서는데 신경을 다 쓰고 있을 때라 여진에 대한 견제가 불가능했습니다. 후금 건국에 일본이 기여한 셈입니다.[118]

이 무렵 여진족은 스스로 만주족이라고 칭하게 됩니다. 1627년(인조 5) 후금이 조선을 침략하니, 이를 정묘호란이라고 합니다. 나라 이름을 청으로 바꾸고 1636년(인조 14)에 다시 조선으로 쳐들어옵니다. 병자호란입니다. 청은 결국 명나라까지 차지하고 중국 전역을 통치하게 됩니다. 한민족과 만주족(여진족), 처음에는 안 그랬는데, 점점 악연이 되었습니다. 만주족은 지금 중국 소수민족의 하나가 되어 역사의 그림자 속으로 들어가 버렸습니다.

광해군이 즉위했다. 이때는 북인이 권력을 가진 시대다. 서인 쪽 사람들과 가까운 장만이지만, 광해군 대에도 국방 요직을 계속해서 맡았다. 조정에 장만만 한 능력을 갖춘 사람이 없었기 때문이다. 오늘날 광해군의 긍정적 업적으로 인정받는 게 외교 분야다. 광해군은 명과 후금 사이에서 실리적 중립외교를 펼쳤다. 광해군의 외교정책을 만들어내고 추진하게 한 인물이 바로 장만이다.

광해군 정권에서 장만은 함경감사, 평안도병마절도사 등을 역임했다. 지방관 장만은 국방에만 전념했던 것이 아니다. 기본적으로 민생에

---

118) 이경수, 《강화도史》, 역사공간, 2016, 263쪽.

주목했다. 백성이 덜 힘들게 살 수 있도록 노력을 다했다. 함경감사 시절, 임기가 끝났음에도 지역 주민들이 임금에게 장만 감사의 연임을 간청해서 2년을 더하고 돌아왔다.[119]

평안도병마절도사일 때는 우리 영역에 들어와 거주하던 여진족을 철수시켰다. 세종 때 최윤덕 등에 의해 개척된 지역이 4군이다. 이후 조선은 이 지역을 오래도록 돌보지 않았다. 그래서 여진족이 들어와 살았다. 장만은 여진 추장에게 4군 지역이 조선 땅임을 알리고 떠나도록 설득했다. 그들이 승복하고 물러갔다. 잘 드러나지 않은 사실이지만, 우리 영토 회복이라는 의미에서 아주 중요한 사건이다.

1616년(광해군 8)에 해주목사 최기가 대역죄로 몰려 위험에 처했다. 이이첨이 꾸민 일이다. 평소 최기와 친하던 친구들은 물론이고 친척들까지 최기를 피하고 멀리했다. 불똥이 자기들한테 튈까 봐 겁먹은 거다. 그러나 장만은 태연히 최기를 만나 위로하고 어떻게 대처해야 할지 조언했다. 이 일로 장만은 벼슬에서 잠시 쫓겨났다.

1621년(광해 13), 장만은 병조판서가 된다. 그때 나이 56세였다. 고단함의 연속, 몸에 무리가 왔다. 많이 아팠다. 광해군에게 관직에서 물러나게 해달라고 여러 번 청했으나 광해군은 허락하지 않았다. 병조판서에 임명된 지 얼마 안 돼서 장만은 다시 사직을 요청했다. 그런데 이미 대신 가운데 사직을 청한 이가 있었다. 광해군은 몹시 섭섭했나 보다.

광해군이 장만에게 말하길, "기쁨과 슬픔을 함께해야 할 대신들이 무정하게 나라의 위급함을 돌아보지 않으니, 다른 사람들이야 말할 것이 있겠는가. 이는 모두 임금답지 못한 내가 왕위에 있어서이니, 천장만 바라보며 부끄럽고 애통해할 뿐이다."[120] 그러면서 장만에게 그만두지

119) 백상태·장석규,《문무겸전의 전략가 장만 평전》, 주류성, 2018, 174쪽.
120)《광해군일기》 13년(1621) 7월 7일.

말아 달라고 청했다. 이후에도 장만은 계속 사직을 청했다. 결국 광해
군은 1622년(광해 14)에 병조판서 장만의 사직을 허락했다.

장만은 김포 집으로 내려올 수 있었다. 최명길은 이렇게 썼다. "〈장
만이〉 중년에 조강의 상류에 집을 짓고서 스스로 '이호주인(梨湖主人)'
이라고 호하였다. 매양 관직에서 물러나면 곧 거기에 나아가 살았다
."[121] 장만이 여건이 될 때마다 김포 고향 집에 내려와 살았다는 것이다.

사실 장만이 아픈 것 하나 때문에 계속 사직하겠다고 한 것은 아닌
것 같다. 광해군의 정치에 점점 실망하게 된 것 같다. 임금에게 직접
조정의 폐단을 지적하여 알리고 궁궐 토목 공사의 문제점도 거론하면
서 개선을 수없이 촉구했지만, 바로 잡히지 않았다. 다음은 장만이 광해
군에게 올렸던 상소의 한 부분이다.

> 삼가 바라옵건대 전하께서는 통렬히 반성하신 다음, '애통하다'는
> 교서를 내려서 기왕의 잘못을 개진하시고, 장사(將士)의 사기를 고
> 무하여 충의(忠義)의 마음을 가다듬도록 하소서. 신하들을 접견하
> 여 시정(時政)의 득실을 강론하시고 인재들을 찾아내어 어려운 국
> 사를 해결하소서. 토목의 공역을 정지하고 변경의 수비에 전력하시
> 며, 탐관과 오리를 쫓아내어 민심을 기쁘게 해주소서.[122]

장만이 광해군에 대한 마음의 문을 닫게 된 데는 이항복의 죽음도
영향을 끼쳤을 것이다. 이항복(1556~1618)은 광해군이 인목대비를 폐
위시키는 것을 막아보려고 애쓰다가 함경도 북청으로 유배됐고 그곳에
서 죽고 말았다. 장만은 이항복과 평생 가깝게 지냈다. 장만이 9살
때 이항복을 처음 만났다고 한다. 장만보다 열 살 위인 이항복은 장만을

---

121) 신병주, 〈문무겸전의 인물 장만, 그 시대와 활동〉, 《조선시대사학보》제64집,
    2013, 25쪽.
122) 장만, 《낙서집》, 장만장군기념사업회, 2018, 168쪽.

챙겨주고 끌어주었다.

장만에게 이항복은 친구 같은 선배이자 스승이었다. 평생 마음으로 의지하던 이항복을 광해군이 귀양 보내서 죽게 한 셈이다. "대감댁 대문 간을 얼마나 많이 드나들었던가, 코 흘릴 때부터 머리 센 지금까지 언제나 오갔었지. … 눈물콧물 지금 흘림은 사사로운 나의 정 때문이라 오."[123] 이항복의 죽음 앞에서 장만은 눈물콧물 흘리며 애달파 했다.

결국, 광해군이 폐위됐다. 인조반정(1623)이다. 장만은 거기에 참여하지 않았다. 그러나 사실상 반정을 묵인했다. 암묵적으로 동의했던 것 같다. 반정 주모자들이 최종적으로 회합을 가졌던 장소가 장만의 한양 집이었다. 그때 장만은 거기 없었지만, 어찌 됐든 장소를 제공한 셈이다. 반정 주도 인물 가운데 한 사람, 최명길. 최명길이 장만의 사위이다.

인조 조정은 반정을 주도한 세력이 장악했다. 당연한 결과다. 장만은 반정 공신이 아니다. 그런데도 군사적으로 중요한 자리에 계속 임명됐다. "원수의 자리에 적임자를 얻기가 가장 어렵습니다. 신의 생각에는 장만 이외에 다른 사람이 없을 것으로 봅니다." 변방 안전을 위해 시급히 도원수를 뽑아 보내야겠다는 인조의 말에 영의정 이원익이 장만을 추천했다. 인조는 장만을 도원수에 임명했다. 도원수는 조선군 총사령관 격이다.

장만은 사양했다. 여전히 아프다. 죽을 것 같다. 그래서 반년만 몸조리 잘하면 건강이 회복될 것 같으니, 가도 그때 갔으면 좋겠다고 했다. 그랬더니 인조가 이렇게 아픈데 억지로 보내서 미안하다고 사과했다. 국경을 책임질 대장 자리가 비어 있어 급히 보내려고 하는 것이니 양해 해주었으면 좋겠다고 했다.

---

123) 장만,《낙서집》, 장만장군기념사업회, 2018, 86쪽.

결국 장만은 도원수를 맡았다. 그렇게 평양으로 갔고 거기서 후금의 침략에 대비했다. 이 무렵 장만은 인조에게 상소를 올렸다. 바른 정치를 펼쳐 달라는 요청의 글이었다. 눈에 띄는 내용이 있다. "역대의 임금들 중에 어느 누군들 즉위 초에 정신을 가다듬어서 바른 세상 이루려고 노력하지 않았겠습니까? … 처음 시작을 잘 한다 하더라도 끝맺음을 잘 하는 경우가 드뭅니다. … 끝맺음을 잘 하시기를 처음 시작하실 때와 같이 하소서."[124]

- 정묘호란이 일어나다

임진왜란이 끝나고 대략 30년이 흘렀다. 1627년(인조 5), 그동안 국경을 위협하던 후금이 조선을 침공한다. 정묘호란이다. 1월 13일, 후금군이 의주성을 공격하면서 전쟁이 시작됐다. 1월 29일에 임금 일행이 강화도로 피난했다. 3월 3일, 강화도에서 조선과 후금이 화약을 맺고 전쟁을 끝낸다. 후금이 형 나라, 조선이 동생 나라, 양국은 형제관계를 맺었다.

전쟁 기간이 채 두 달이 되지 않았다. 후금이 서둘러 화약을 요청했기 때문이다. 사실 후금의 최종 목표는 명나라다. 그런데 조선과 명이 친하다. 후금이 명을 칠 때 조선이 후금의 후방을 공격하면 위험하다. 그래서 명을 치기 전에 조선을 위협하여 눌러 놓고 명으로 돌격할 계획을 세웠다.

조선과 장기전을 치를 처지가 아니었다. 장기전을 펼칠 경우 병력 손실이 커지고 또 명의 반격을 받을 수도 있었다. 더구나 조선군과 맞싸워보니 조선의 전투력이 만만하지 않았다. 그래서 화의를 요구했던 것이다.

---

124) 장만, 《낙서집》, 장만장군기념사업회, 2018, 226~227쪽.

정묘호란 당시 장만은 도체찰사 겸 병조판서로 육지 방어를 책임진 총사령관이었다. 그러나 후금군을 쉽게 막아내지 못했다. 혼자서 모든 전투를 지휘할 수 있는 것도 아니었다. 여건이 참으로 좋지 않았다. 장만이 급히 임금에게 지원을 요청했다.

"안주가 적병의 공격을 받을 위급한 처지입니다. 사람들이 불안해 하며 곳곳에서 급보를 전해오고 있습니다. 신은 수하에 병력이 없어서 달려가 구원하지 못하고 앉아서 수백 리 강토를 상실하여 오랑캐의 손아귀에 넘겨주게 되었습니다. … 경기지역의 군병 1천여 명이 이제야 와서 모였지만, 모두 탄약도 없이 빈손입니다. 담당 부서로 하여금 조속히 내려보내도록 하소서."125)

서북지역은 후금의 침략로로 충분히 예상됐다. 일찍부터 장만이 군사력 확보에 신경 썼었다. 그런데 이렇게 어수선하게 무너지고, 병력이

▲ 연미정[강화군 강화읍, 정묘호란때 양국회담 장소]

---

125)《인조실록》5년(1627) 1월 21일.

부족해서 경기지역 군사를 끌어올릴 수밖에 없었을까. 애당초 장만의 구상대로 방어체제를 수립할 수 없었다.

아무리 팔도도체찰사이면 무엇하나. 인조는 장만에게 사실상 전권을 주지 않았다. 전략 수립 과정에서 조정 대신들과 이견이 생길 때, 인조가 장만 편을 들어줘야 한다. 그런데 인조는 그럴 때마다 "서로 잘 상의해서 결정하라."라며 비겁하게 빠졌다.

장만은 원래 평양 북쪽에 있는 안주성을 주요 방어 거점으로 삼아야 한다고 줄곧 주장했다. 그러나 이귀 등이 반대했다. 장만과 이귀는 이 문제로 심하게 말다툼까지 했다. 노한 장만이 "국가에서 이미 나에게 체찰사의 임무를 맡겼으니 서변의 일은 내가 스스로 결정하겠다."고 외치니 이귀가 맞서 소리 질렀다. "이는 국가의 존망이 매여 있는 것이다. 나라가 망하면 나도 또한 죽는데 어찌 상관이 없다 하겠는가."[126] 장만은 그저 가슴을 칠뿐이었다.

싸울만한 병사가 부족한 이유 가운데 하나, 이괄의 반란이다. 당시 이괄의 대병력은 정예군이었다. 나라 지킬 군사를 몰아 반란을 일으켰다. 그 병사들이 진압되는 과정에서 대거 사라져갔다. 관군도 마찬가지였다. 우수한 지휘관들도 이때 많이 사라졌다. 아까운 인물 가운데 한 명, 한명련이다. 반란군이지만, 훌륭한 장수였다. 임진왜란 때 곽재우와 함께 왜군을 물리쳤고, 권율 휘하에 들어가서도 큰 공을 세웠다. 왜군의 총칼 앞에서도 살아난 그가 반란의 끝에 이르러 이괄과 함께 부하들에게 죽임을 당했다.

이때 용케 목숨을 건진 한명련의 아들, 이름이 한윤이다. 한윤은 도망갔다. 하필 후금으로 내뺐다. 조선의 정세, 허허실실, 그대로 고자질해서 후금의 침략을 도왔다. 거기서 끝나지 않았다. 정묘호란 당시

---

126) 《인조실록》 3년(1625) 7월 6일.

후금 침략군의 길잡이가 되어 조선에 왔다. 하늘에서 아들 하는 짓 보고, 한명련은 통곡했을 것이다. 보통 사람들은 평소에 나라 욕하고 나라님 욕하다가도 나라에 위기가 닥치면 죽창이라도 들고 나가 싸운다. 한윤은 보통 사람과 다른 길을 걸었고, 그렇게 역사에 이름을 남겼다.

만약 이괄의 난이 없었다면 정묘호란의 양상은 완전히 달라졌을 것이다. 장만은 어느 정도의 병력이 확보되어야 후금을 막을 수 있다고 여겼을까. 이 문제로 인조와 대화를 나눈 적이 있다.

> 상이 이르기를, "만약 중원과 협력해서 적을 토벌할 경우 군사는 얼마나 필요하다고 여겨지는가?" 하니, 장만이 아뢰기를, "신의 생각으로는 10만 명이 아니고서는 불가능하다고 여겨집니다." 하였다. 상이 이르기를, "우리나라에서 10만 명을 마련해 낸다는 것은 형세 상 무척 어려운 일이다." 하니, 장만이 아뢰기를, "10만 명은 쉽게 얻을 수 없다 하더라도, 5만 명이 안 되고서는 해낼 수 없습니다." 하였다.[127)

최소 5만이다. 그러나 당시 조선의 방어 병력은 5만에 턱없이 부족했다. 이괄의 반란은 말 그대로 설상가상이 되었던 것이다.

장만을 힘들게 한 것이 후금군 만이 아니었다. 조정도 장만을 적잖이 괴롭혔다. 이렇게 해라, 저렇게 해라, 하등 도움 안 되는 간섭을 해댔다. 현장을 모르는 사람들이, 전투를 전혀 모르는 사람들이 전문가에게 계속 훈수. 답답했다. 그러자 대사헌, 대사간 등이 나서서 임금에게 요구했다.

> 전하께서 신임하고 총애하는 신하로는 김류·이귀·이서·신경진·심

---

127) 《인조실록》 1년(1623) 4월 12일.

기원·김자점 등만 한 이가 없습니다. 그런데 <이들이> 혹은 섬으로 들어가고, 혹은 산성으로 올라갔으며, 혹은 호위한다고 칭하고, 혹은 검찰에 제수되는 등 다 편안하고 안전한 자리를 차지하였습니다. 그리고 오직 장만 한 사람만을 맨손으로 적진으로 향하도록 하였으니 장만의 처지에서 보면 원망이 없을 수 있겠습니까. … 신 등이 생각하기에는 장만이 항복하지 않는다면 도주를 할 것으로 여겨집니다.

삼가 바라건대 전하께서는 … 맨 먼저 도성을 떠나자고 제창한 자를 조속히 목 베어 군문에 효시하신 뒤, 먼저 이서·신경진 등을 파견하여 경기의 병력과 호위하는 제군을 나누어 인솔하여 변방을 지원하거나 임진강을 수비하도록 하소서. 그리고 전하께서는 근왕병들을 불러 모아 친히 이끌고 이어서 나가신다면 삼군의 사졸들은 싸우지 않고도 사기가 배나 치솟을 것입니다.

강화로 피난하지 말고 임금이 직접 나서서 싸워라. 그러면 백성들도 분발해서 힘을 다해 적을 물리칠 것이다. 임금이 총애하는 신하들은 죄다 제 목숨 살릴 자리로 찾아들고 장만 홀로 사지(死地)에서 나라를 구하려 분전하고 있다. 임금이 아끼는 그 신하들부터 전투에 내보내라. 이런 주장이다. 인조의 답변이 이러했다. "논한 바가 태반은 현실성이 없다."[128] 그리고 강화도로 향했다.

대사헌 등의 우려와 달리 장만은 항복하지 않았다, 제 목숨 구하겠다고 도망가지도 않았다. 누구도 원망하지 않았다. 그저 나라만 생각했다. 몸은 더 나빠졌다. 풍병까지 왔다. 정묘호란이 끝났다. 이제 일등으로 고생한 장만에게 어떤 사은이 내려질까. 큰 선물을 받았다. 벼슬에서 물러나게 된 것이다. 이제 쉴 수 있다. 실록은 이렇게 적었다. "도체찰사 장만이 풍병이 들어서 업무를 감당할 수 없게 되자 비국(비변사)

---

128) 《인조실록》 5년(1627) 1월 23일.

이 다른 사람으로 교체할 것을 청하니, 허락하였다."[129] 그런데.

- 그래, 죄는 내게만 물어라

"옥성부원군 장만은 길에 오른 뒤에 이르는 곳마다 머물러 평양과
황주가 차례로 무너지고 적의 기마병이 마치 무인지경을 달리는
것처럼 하였으며 급보를 조금 들으면 지레 겁을 먹어 적들이 평산
에 이르지도 않아서 철원으로 도망하여 산골로 드나들며 마치 피난
간 사람처럼 행동하여 양서(兩西)의 백성들이 비참하게 약탈의 화
를 당하게 했습니다. 그가 시종 몸을 움츠려 국가를 저버리고 일을
그르친 죄는 용서해줄 수 없습니다. 먼 곳으로 귀양을 보내도록
하소서."[130]

장만을 귀양 보내라는 요구가 조정에서 나왔다. 후금의 침략을 제대
로 막아내지 못한 책임을 물어야 한다는 것이다. 전쟁 중 장만의 대처가
미흡한 부분도 있었을 것이다. 그렇다고 장만 한 사람에게 죄를 다
뒤집어씌우는 행위는 지나치다. 인조는 장만을 적극적으로 변호하고
나섰다. 장만 휘하에 직접 지휘할 병력이 없었다. 풍병 앓고 있는 중환
자를 어찌 귀양 보낼 수 있느냐, 더는 시끄럽게 하지 마라.

그러나 조정은 더 시끄러웠다. 거듭 장만 처벌을 요구했다. 결국
장만이 나섰다. 자신을 귀양 보내 달라고 청했다 .결국 장만은 아픈
몸을 이끌고 충청도 부여로 귀양 갔다. '어차피 조정은 희생양을 찾고
있다, 내가 안 가면 대신 내 부하들이 다칠 것이다, 부하들을 보호하려
면 내가 벌을 받아야 한다.' 이렇게 생각했다. 정말이지, 만나고픈 지도
자상이다. 이런 상사 아래서라면, 뼈 빠지게 일해도 힘들 것 같지 않다.

몇 개월 뒤 귀양에서 풀려 돌아왔다. 말만 잘하는 실세라는 사람들,

---

129) 《인조실록》 5년(1627) 3월 24일.
130) 《인조실록》 5년(1627) 3월 26일.

적당히 안전하고 평안한 자리 차지하고 앉아서 입으로 애국할 때, 장만은 삶과 죽음의 경계에서 피땀을 흘렸다. 꿈에서도 전투를 치르는 고통스러운 나날을 보냈을 것이다. 그게 죄였는가 보다.

이 무렵 장만은 자신의 심정을 은유적으로 표현한 시를 지었다. 풍파에 놀란 사공 배 팔아 말을 사니, 구절양장이 물보다 어렵구나, 이제 배도 말고 말도 말고 밭갈이나 하리라, 대략 이런 내용이다. 구절양장은 아홉 번 꺾인 양의 창자란 뜻으로, 꼬불꼬불하고 험한 산길을 의미한다. 사공은 장만 자신, 배는 광해군, 말은 인조다.

귀양 풀려 돌아온 장만, 오래지 않아 한양 집에서 숨을 거두었다. 백성들은 이구동성 말하였다. "장성(長城)이 무너졌다." 1629년(인조 7), 64세였다. 풍덕에 묘를 썼다. 북한 개풍 지역이다. 지금은 가보려도 가볼 수 없는 곳이다.

다행히 김포시 하성면에 그를 모신 사당, 옥성사(玉城祠)가 있다. 1747년(영조 23) 6월에 영조는 통진에 장만의 사당을 지어주도록 경기관찰사에게 명했다. 다음 해인 1748년에 사당이 완공되니, 옥성사이다.

내 나이 예순넷
포의(布衣)로서 최고로 영달하였네.
전원으로 물러나는 것이 첫째 소원
저세상으로 돌아가는 것이 그다음 소원이라네.
이밖에 구하는 것 없나니
신명이 내 마음 비춰 주리라.[131]

사망하기 얼마 전 장만이 쓴 시다. 참으로 힘들었나 보다. 아니 힘들

---

131) 신병주, 〈문무겸전의 인물 장만, 그 시대와 활동〉,《조선시대사학보》제64집, 2013. 35~36쪽.

수밖에 없었다. 안 아픈 곳 없을 만큼 온몸에 병을 안고 감당해야 했던 벼슬살이, 시기하는 이들의 험담도 만만하지 않았다. 모든 걸 간절히 내려놓고 싶었다. 한편 사관은 실록에서 장만의 일생을 이렇게 평가했다.

> 옥성부원군 장만이 세상을 떠났다. 장만의 자는 호고인데 몸가짐이 반듯하고 재주와 지혜가 빼어났다. 관직에서 일을 처리함이 물 흐르듯 하였다. 특히 군무에 밝아 여러 번 병권을 쥐었고 원수에 제수되기에 이르렀는데 군사들이 굳게 믿고 따랐다. 역적 이괄의 변란에는 원수로서 적병을 뒤쫓아 안현에서 적을 섬멸한 뒤에 공신이 되었다.
> 장만이 사망하자 장수와 사졸들이 추모하지 않는 자가 없었다. 그러나 안으로는 성색에 음탕하고 밖으로는 재물을 끌어모았으며, 폐조 때에는 아부했다는 비웃음을 면치 못했고 폐모론을 주장한 정청에도 참석하였으므로 사론(士論)이 비루하게 여겼다.[132]

폐조는 광해군 때를 말한다. 광해군 조정에서 인정받은 것은 아부의 결과가 아니라 능력 때문이었다. '성색에 음탕하고'[淫聲色]라는 표현은 '여인을 밝히고' 정도로 풀어도 될 것 같다. 장만이 여인들을 꽤 좋아하긴 한 것 같다. 어쩌다 드물게 여유가 생기면 배를 띄우고 물결 따라 오르내리며 풍류를 즐겼다고 한다. 기생들과 함께. 최명길도 장만의 행장에서 이렇게 말했다. "집에 계실 때는 눈앞에 애첩들이 가득하고 악기 소리가 귀에 가득하였다." 지금은 비난받을 일이지만, 그 시대에는 꼭 그렇지도 않았을 것이다. 이를 음탕하다고 표현한 것은 좀 악의적인 것 같다.

최명길이 쓴 장만의 행장에 이런 말도 나온다. "(장만은) 인재를 부리

---

132) 《인조실록》 7년(1629) 11월 15일.

는데 더욱 뛰어났다. 오래도록 병권을 잡고 있어, 나라의 무인들이 모두 그의 문하에서 나왔다. … 그들의 춥고 배고픈 것을 동정하고, 곤경에 처한 사람 구제하기를 친척같이 하였다. 다른 사람과 함께 일을 하다가 일이 이루어지면 공을 그 사람에게 돌리고, 일이 실패하면 그 허물을 자신이 덮어썼다. 그래서 사람들이 공에게 쓰이는 것을 즐거워하였다."

다른 사람과 함께 일을 하다가 일이 이루어지면 공을 그 사람에게 돌리고, 일이 실패하면 그 허물을 자신이 덮어썼다! 아름답다. 누구나 언젠가 지도자가 된다. 그 공간이 작든, 크든. 그래서 귀담아 들을만한 말이다.

장만의 의미 있는 유물로 초상화 2벌과 공신녹권(功臣錄券) 1권이 있다. 원래 관복, 학자복, 무관복(武官服) 이렇게 3벌의 초상화가 전해 졌는데 무관복본은 일제강점기에 분실됐다고 한다. 장만의 초상화는 공식적으로 '장만 영정'이라고 부른다. 통상 영정이라고 하면, '장례에서 쓰는 죽은 사람의 사진이나 그림'을 가리키기에 명칭이 좀 어색하기는 하다. 하지만, 영정에 '사람의 얼굴을 그린 족자'라는 의미도 있으니, 문제 될 것은 없다.

관복본(240×113cm)은 이괄의 난을 진압한 공으로 나라에서 그려 준 진무공신도상인 것 같다. 왼쪽 눈을 가렸다. 실명했음을 암시한다. 널리 알려진 초상화이다. 염치없는 궁금함, 값을 매기면 얼마나 될까. 2015년 9월, 'TV쇼 진품명품'이라는 프로그램에 이 초상화가 나왔다. 최종감정가, 12억 원이었다.

학자 복장의 유복본(253×113cm)은 두 눈을 정상적으로 그렸다. 실명 하기 전에 그려진 것이다. 이 초상화에서 장만은 화려한 부채를 들고 있다. 금룡선(金龍扇)이라는 부채다. 봉산군수 시절 명군을 잘 관리한 공으로 선조가 선물해준 것이라고 한다.

당상관으로 특별 승진시키면서 부채까지 하사한 것이다. 이 학자

복장 초상화도 이때 선조의 선물로 그려진 것 같다.[133] 두 벌 초상화는 그의 후손들이 사당인 옥성사에 보관해 왔는데 2012년부터 경기도박물관으로 옮겨 관리하고 있다.

당시 초상화는 실제 모습 그대로 그렸다. 털끝 하나까지 있는 그대로 그렸다. 단점을 전혀 숨기지 않았다. 그래서 '뽀샵' 같은 미화는 있을 수 없었다. 장만의 초상화 2벌 모두 그의 얼굴에 이상한 자국이 있다. '곰보' 자국이다. 장만이 9세 때 천연두를 앓았다. 생사를 넘나들며 고생하다가 겨우 살아났다. 목숨을 구했지만, 그 후유증으로 얼굴이 심하게 얽었다. 그 모습을 초상화에 그대로 옮긴 것이다.

공신녹권은 책봉된 공신의 이름과 공적 등을 기록해서 해당 공신에게 나눠주는 문서이다. 장만이 받은 공신녹권은 이괄의 난을 진압한 공으로 받은 진무공신녹권이다. 녹권(錄券)이란 용어가 좀 생소한데 '공신도감이 왕명을 받아 각 공신에게 발급한, 공신임을 증명하는 문서'

▲ 장만 영정[관복본] 부분   ▲ 장만 영정[유복본] 부분

---

133) 백상태 · 장석규, 《문무겸전의 전략가 장만 평전》, 주류성, 2018, 121쪽.

라는 뜻이다. 녹권 자체에 공신에게 주는 문서라는 의미가 담겨 있다.

장만이라는 한 인간에게서 솔솔 솔향이 나는 것 같습니다. 진정한 선비의 삶을 산 것이 아닌가 하는 생각이 듭니다. 보통 사람은 벼슬이 오를수록 성취감을 느끼고 더 높아지려 애씁니다. 더러는 건방져지고 더러는 기득권을 지키려 비굴해집니다.

그런데 장만은 벼슬이 높아질수록 오히려 자신을 경계하고 근신했습니다. 자신의 그릇이 높은 벼슬을 감당할 수 있는지 돌아보고 성찰했습니다. 가끔 제가 곱씹어보는 문장이 있습니다. 조선 후기 학자 성대중(1732~1809)이 한 말입니다. 장만의 인품이 이러했던 것 같다는 생각에 여기에 옮깁니다.

> 청렴하되 각박하지 않고,
> 화합하되 휩쓸리지 않는다.
> 엄격하되 잔인하지 않고
> 너그럽되 느슨하지 않는다.[134]

---

134) 정민, 《성대중 처세어록》, 푸르메, 2009, 56쪽.

09

새옹지마 인생이라, 원종

김포에 장릉이 있어서 다행입니다. 역사 문화적 가치도 그렇지만, 숲의 맛과 향을 느낄 수 있는 수려한 공간이기에 더욱 그러합니다. 상당히 넓습니다. 지금 전체 영역이 대략 16만 평이라는데 예전에는 훨씬 더 넓었다고 합니다.

출입로가 동쪽에 있습니다. 옆으로 들어가는 것이 왠지 자연스럽지 않습니다. 옛날에는 남쪽에 출입로가 있었을 겁니다. 지금 출입로는 풍수지리에서 말하는 좌청룡에 해당한다고 합니다. 그걸 뚫어버렸으니 기가 새는 셈이지요. 따라서 지금 출입문을 앞쪽 그러니까 남쪽으로 옮기는 게 좋다는 연구 결과도 있습니다.[135]

장릉 남쪽 끝자락에는 금정사라는 절이 있습니다. 원래 이름이 봉릉사(奉陵寺)였습니다. 이름을 보니 장릉과 관련이 있을 법하지요. 그렇습니다. '왕릉을 받드는 사찰'이라는 뜻입니다. 장릉에 모셔진 분들의 명복을 빌고, 장릉 관리에도 힘을 보태는 역할을 하던 절입니다.

- 장릉 숲길 거닐며

장릉 숲, 정갈한 흙길 따라 걷다 보면 먼저 포근한 한옥 건물, 재실을 만납니다. 각종 물품을 보관하고 제사를 준비, 진행하고 장릉 관리 전반

---

135) 박경정, 〈세계유산 조선왕릉의 입지와 활용방안에 관한 연구〉, 건국대학교대학원 박사학위논문, 2015, 205쪽.

을 맡던 곳입니다. 인조가 여러 번 장릉에 왔고 다른 임금들도 자주 왔습니다. 그들이 와서 쉬던 공간도 재실이었겠지요. 터가 좋은 것 같지요? 원래 재실 자리에 김포 관아가 있었다고 합니다.[136] 왕릉이 들어 오면서 옮겨 가게 되었습니다.

재실 옆, 예쁜 연못을 만납니다. 재실과 홍살문 사이입니다. 조선의 왕릉들 가운데 옛 모습을 가장 잘 간직한 연못이라고 해요. 왕릉 안에 연못을 두는 것은 풍수지리학의 비보(裨補) 개념으로 봅니다. 그런데 현실적으로 화재에 대비하는 방화수 역할을 합니다. 또 경관을 아름답게 가꾸는 조경의 필요성에서도 연못을 조성한 것으로 생각됩니다. 가로 75m, 세로 45m 규모입니다. 연못 안에 있는 작은 인공 섬은 지름이 8m라고 해요.[137] 장릉 안이 다 그렇지만, 특히 연못 주변에 다양한 나무들이 자랍니다. 무슨 나무인지 한번 살펴보세요.

연못 지나 홍살문 앞에 서면 저 위에 단정한 건물이 보입니다. 특이하게 '丁(정)'자처럼 생겼습니다. 그래서 정자각(丁字閣)이라고 부릅니다. 정자각은 왕릉 앞에 세워집니다. 조선왕릉의 기본 구조는 대개 같습니다. 김포나 고양이나 서울이나 어디에 있든 일종의 공식처럼 비슷하게 조성됩니다. 모든 왕릉의 중심 건물이 정자각입니다. 정자각 안에 음식을 마련하고 제사를 지냅니다. 일반인의 무덤에서는 봉분 앞 석상에 음식을 차리지만, 왕릉은 여기 정자각 안에 차립니다.

정자각 안에서 올려다보면 봉긋한 봉분 두 개가 보입니다. 무덤의 주인공은 원종과 그의 비 인헌왕후입니다. 원종? '태정태세문단세'를 외워 봐도 원종은 없습니다. 실제 왕이 아닙니다. 인조의 아버지입니다. 인조가 즉위한 후 자신의 아버지를 임금으로 올리고 묘호를 원종으로

---

136) 정현채, '일제에 의해 철거된 영조, 정조대왕의 현판', 김포신문, 2019.01.08.
137) 고승관, 〈조선왕릉 연지의 생태적 특성과 전형에 관한 연구〉, 상명대학교대학원 석사학위논문, 2011, 37쪽.

▲ 장릉

정한 것입니다. 이런 왕을 추존왕(追尊王)이라고 합니다. 장조도 추존왕입니다. 장조는 정조의 아버지 사도세자.

정자각 옆으로 비각이 있습니다. 비 앞면에 '朝鮮國 元宗大王章陵 仁獻王后祔左(조선국 원종대왕장릉 인헌왕후부좌)'라고 새겼습니다. 부좌(祔左)란, 부부의 묘를 한 곳에 쓸 때 아내를 남편의 왼쪽에 모신다는 뜻입니다. 일반인의 묘도 마찬가지 원칙입니다. 통상 남향 기준으로 서쪽이 남편 묘, 동쪽이 부인 묘입니다. 비 뒷면에는 원종과 인헌왕후의 약력을 기록했습니다.

▲ 원종대왕 장릉비

언제 세운 비일까. 장릉 조성 당시가 아닙니다. 한참 뒤 영조 때 세웠습니다. 비문 마지막에 '崇禎紀元後一百二十六年立(숭정기원후 126년에 세움)'이라고 나옵니다. 숭정기원후 126년은 1753년(영조 29)입니다. 숭정기원후는 또 뭔가. 연대 표기가 복잡한데요, 이유를 알아봅니다.

당시에는 연대 표기로 중국의 연호를 받아서 썼습니다. 조선은 명나라 연호를 쓰다가 병자호란 이후에는 청나라 연호를 쓰게 됩니다. 명나라가 망한 후에는 뭐, 말할 것도 없이 청나라 연호만 쓰는 것이지요. 그런데 내부적으로는, 망해버린 나라 명의 연호도 쓰곤 했습니다. 청에 대한 반감, 명에 대한 의리, 그런 생각이 깔려있었겠지요.

망한 나라 연호가 존재할 리 없습니다. 그럼 어떻게 명의 연호를 썼나. 몇 가지 방법이 있었는데 그 가운데 하나가 '숭정기원후'를 쓰는 겁니다. '숭정'은 명나라 마지막 임금 의종이 1628년부터 1644년까지 사용했던 연호입니다. '숭정기원후 126년'은 숭정이란 연호를 쓰기 시작한 1628년 이후 126년이 지난 때를 말하는 것입니다. 그 해가 1753년입니다.

청에 보내는 외교문서에는 연호를 뭐라고 쓸까요. 당연히 청의 연호를 썼지요. 1753년은 청나라 고종 18년이고, 그때 연호는 건륭이었습니다. 그러니까 외교문서에는 '건륭 18년'이라고 썼겠지요. '건륭 18년'과 '숭정기원후 126년', 이 안에 적지 않은 의미가 스며있습니다.

아, 그리고 조선왕릉 가운데 장릉이 김포 장릉 하나가 아닙니다. 모두 세 개가 있습니다. 물론 한자는 다르지요. 강원도 영월에 있는 단종 왕릉은 莊陵(장릉), 김포 원종 왕릉은 章陵(장릉), 경기도 파주에 있는 인조 왕릉은 長陵(장릉)입니다.

– 불이다, 불

김포에 장릉이 조성되고 대략 70년이 흘렀다. 큰 사건이 발생했다.

때는 1698년(숙종 24), 장릉에 불이 났다. 방화다. 실록 기록을 따라가 보자.

> 포도청에서 장릉에 방화한 사람 최필성·안사현 등을 잡아 의금부로 이송하고, 국청(鞫廳, 중요 범죄를 신문하기 위해 임시로 설치한 특별재판기구)을 설치하고 조사해서, 모두 자백을 받아 사형에 처하고, 연좌된 사람에 대해서는 집을 헐어버리고, 읍호(邑號)를 법률대로 강등시켰다.[138]

　방화범들은 사형에 처해졌다. 그런데 일반적인 참수형이나 교수형이 아니라 능지처사였다. 더해서 방화범의 아들은 교수형을 당했다. 대역죄이자 강상죄였기 때문이다. 임금 생시의 공간이 궁궐이다. 사후 임금의 공간이 왕릉이다. 궁궐을 범하면 대역죄가 되듯, 왕릉을 범해도 대역죄다. 그래서 왕릉에 불을 지르는 행위는 대역죄이며 강상죄다.

　반역과 동급으로 처벌되는 큰 죄가 바로 강상죄이다. 강상죄(綱常罪)란 삼강오륜(三綱五倫)을 어긴 죄라는 뜻이다. 오륜(五倫)을 오상(五常)이라고도 한다. 삼강의 '강', 오상(오륜)의 '상'을 따서 '강상', 여기에 '죄'를 붙여 강상죄가 되었다.

　임금과 신하, 부모와 자식, 남편과 아내 사이에 마땅히 지켜야 할 도리를 삼강이라 한다. 군위신강(君爲臣綱), 부위자강(父爲子綱), 부위부강(夫爲婦綱)이다. 오륜은 군신유의(君臣有義), 부자유친(父子有親), 부부유별(夫婦有別), 장유유서(長幼有序), 붕우유신(朋友有信)을 말한다. 자식이 부모를 죽였다면 이는 살인죄를 넘어 강상죄다. 대역죄와 같은 수준에서 처벌받는다.

　읍호를 법률대로 강등? 조선시대에도 읍격을 내리고 올리는 제도가

---

138)《숙종실록》24년(1698) 2월 26일.

시행됐다. 왕실 관련 시설이 들어서거나, 지역민이 큰 공을 세우거나 하면 읍격을 올려준다. 반대로 반란 같은 사건이 일어난 지역의 읍격은 내린다. 이를테면 군이 시로 승격하기도 하고 면으로 강등되기도 한다는 얘기다.

읍격이 올라갔다고 해서 지역 주민이 피부로 느낄 만큼 생활이 좋아지는 것은 아니다. 그러나 지방관의 지위가 올라가고 지방의 관리 수가 늘어나고 향교의 학생 정원이 늘어나고 나라에서 받는 지원액도 늘어난다. 행정 규모가 커지는 것이다.

방화범 최필성은 부평 사람이다. 한 사람 잘못만으로도 읍격이 떨어지는 벌을 받는다. 부평이 도호부(종3품)에서 현(종6품)으로 강등된 것이다. 안사현은 김포 사람이다. 그런데 김포는 강등되지 않았다. 왕릉이 있는 지역은 강등되지 않는 것이 법이었다.[139] 당시 김포는 군이었다. 원래 현이었는데, 장릉이 들어오면서 군으로 승격했다. 김포현이 김포군이 됐던 것이다. 읍호 강등 문제는 다음 사료를 통해 더 구체적으로 이해할 수 있다.

이조가 아뢰기를, "역적 임경사 등이 살던 삭령·광주·김포·통진 등의 고을은 당연히 읍호를 강등해야겠으나, 광주와 김포는 침원(寢園)이 있는 곳이어서 강등하기가 어려우니 종전 예대로 수령만을 파직시키고, 삭령은 강등하고 통진은 혁파하소서." 하니, 상이 하교하기를, "그까짓 조무래기 역적들 때문에 고을을 혁파하고 수령을 파직시킨다는 것은 자못 타당치 못한 일이다. 모두 혁파하지 말아 백성들의 폐단을 없애라." 하였다.[140]

---

139) 남달우, 〈숙종대 김포 장릉 방화사건과 읍격 변화〉, 《인천학연구》제20집, 2014, 34쪽.
140) 《인조실록》 7년(1629) 5월 8일.

1629년(인조 7)에 임경사라는 이가 역모하다 붙잡혀 처형당했다. 인조를 제거하고 광해군을 다시 왕으로 세우려 했지만, 중간에 비밀이 새나가서 반란이 실패했다. 김포와 통진에 임경사가 살았었다. 읍호를 강등해야 하는데 김포는 침원이 있는 곳이라 어렵다고 이조에서 고했다. 당시 김포에 인조의 아버지 정원군의 묘, 홍경원이 옮겨와 있었다. 침원은 홍경원을 가리킨다. 한편 혁파될 뻔했던 통진현은 1694년(숙종 20)에 통진도호부가 된다. 문수산성이 세워지면서 승격한 것이다.

〈조선시대 지방행정 구역과 수령〉

읍격	부	대도호부	목	도호부	군	현	
수령	부윤	대도호부사	목사	도호부사	군수	현령	현감
품계	종2품	정3품	정3품	종3품	종4품	종5품	종6품

▲ 장릉 정자각

- 정원군이 원종이 되기까지

장릉의 주인공, 원종. 그는 선조의 다섯째 아들이다. 이름은 이부

(1580~1619), 1587년(선조 20)에 정원군에 봉해졌다. 선조와 공빈 김씨 사이에서 임해군과 광해군이 태어났고, 선조와 인빈 김씨 사이에서 신성군, 정원군 등이 태어났다. 그러니까 정원군(원종)은 광해군의 이복 동생이다.

임진왜란이 터졌을 때 정원군은 13세. 아버지 선조를 모시고 피난길에 올랐다. 그가 어떤 역할을 하였는지, 다른 왕자들은 어떠했는지 알아보자.

선조는 부인 8명에게서 아들 14명, 딸 11명을 얻었다. 임진왜란 발발 당시 선조 나이 41세, 그때는 아들 7명, 딸 2명이 있었다. 아들은 임해군(21세), 광해군(18세), 신성군(15세), 정원군(13세), 순화군(13세), 인성군(5세), 의창군(4세)이다. 나이 어린 인성군과 의창군을 제외하면 왕자 역할을 제대로 할 나이의 아들은 다섯이었다.

다섯 아들 가운데 급하게 세자로 책봉된 광해군이 분조활동(分朝活動)에 나섰다. 조정을 나누어 거느리고 왜적을 막는 역할을 수행한 것이다. 선조는 임해군을 함경도로, 순화군을 강원도로 보내 근왕병을 모집하게 했다. 그리고 신성군과 정원군은 자신을 수행하게 했다.

정원군은 선조를 수행해 개성에 도착했다가 개성에서 왕보다 먼저 평양으로 갔다. 이항복 등이 동행했다. 평양에서 정원군은 성을 수리하고 병사를 모으는 일을 독려하면서 왜군의 침략에 대비했다. 평양에서 선조와 합류한 후 다시 영변으로 먼저 가서 같은 임무를 다했다.[141]

전쟁 후 선조는 전란 극복에 공을 세운 이들을 공신으로 책봉했다. 대표적인 것이 선무공신이다. 1등으로 이순신·권율·원균을 뽑았다. 또 자신을 의주까지 수행한 사람들 가운데 두드러진 이들을 선정해서 호성공신으로 삼았는데 이항복·정곤수를 1등으로 뽑았다. 정원군도

---

141) 신명호, 〈임진왜란 중 선조 직계가족의 피난과 항전〉, 《軍史》제81호, 2011, 130~131쪽.

수행의 공을 인정해 호성공신 2등에 책봉했다.

> 왜장 청정이 북계로 침입하니 회령 사람들이 반란을 일으켜 두 왕
> 자와 여러 재신을 잡아 적을 맞아 항복하였다. 이로써 함경도가
> 모두 적에게 함락되었다. … 국경인이 무리를 모아 반란을 일으키
> 고는 … 국경인이 마침내 객사를 포위하고 두 왕자 및 부인 … 모두
> 결박하고 마치 기물을 쌓아놓듯 한 칸 방에 가두었다.[142]

왜장 청정은 가등청정이다. 두 왕자는 임해군과 순화군이다. 반란을 일으킨 국경인은 조선사람 이름이다. 임해군과 순화군이 전쟁 중에 왜군에게 포로로 잡혔다. 반란 세력이 두 왕자를 잡아 왜군에게 넘긴 것이다. 왜 둘만 잡혔을까. 왕자들 가운데 임해군과 순화군만 근왕병 모집에 나섰다가 그리되었다.

가뜩이나 평이 안 좋은 임해군, 일본군 포로가 되는 바람에 그때는 물론 지금도 욕을 더 먹는다. 하지만 임해군은 억울할 것이다. 왕자로서 함경도로 간 임해군의 활동은 제법 볼만하였다. 근왕병 모집은 물론 민생과 민심을 안정시키고 행정 조직을 살려내는 등 성과가 나쁘지 않았다. 왜군에게 적극적으로 대항하면서 함경도 지역을 안정적으로 관리했다. 왜군에게 바로 붙잡힌 것이 아니라 믿었던 백성들의 배신으로 포로가 되었을 뿐이다.

임해군이 잘못해서 반란이 일어난 것이 아닐까? 그렇지 않을 것이다. 책임을 묻자면 선조에게 물어야 할 것 같다. 선조가 평양마저 버리고 영변으로 향하면서 함경도 지역민의 민심이 아주 나빠졌다. 선조가 함경도를 버리고 나라를 버리고 명나라로 들어갈 것이라는 소문이 돌면서 민심이 돌아섰다. 선조에 대한 반감이 임해군에게로 옮겨졌을

---

142)《선조수정실록》 25년(1592) 7월 1일.

것이다.[143] '임금까지 나라를 버리는데 왜 우리가 왜적에 맞서 싸우다 죽어야 하나, 차라리 항복하자.' 이런 생각을 했을 법하다. 임해군에게 몰리는 비난은 과도한 면이 있다.

> 대가가 청천강을 건넜다. 호종하는 신하들의 말이 강을 다 건너지 못했으므로 백관이 도보로 호종하였다. 상이 관리에게 시켜 왕자 정원군에게 명했다. "재신들이 걸어서 대가를 따르니 너는 뒤에 따라오는 것이 마땅하다."[144]

▲ 원종 어진(국립고궁박물관)

선조가 왕자 정원군에게 신하들 뒤에서 따라오라고 했다. 뭔가 교육적인 의도의 지시인 것으로 보인다. 사관이 자기 생각을 덧붙였다. "뒤에 따라오라는 한마디 명령은 왕자의 교만한 습성을 억제할 수 있다." 어린 정원군의 성격이 만만하지 않았던 것 같다.

임진왜란이 끝났다. 몇 년이 흘렀다. 정원군의 노비들이 남에게 시비를 걸고 함부로 구타하고 기물을 파괴하고 빼앗는 일이 거듭됐다. 정원군은 보고만 있을 뿐 말리지 않았다. 주인 믿고 노비들이 더 오만방자해졌다. 정원군의 노비들이 이런 짓도 했다.

> 사헌부가 아뢰기를, "정원군 이부의 궁노(宮奴) 5~6인이 창기(娼妓)를 끼고 거리를 횡행할 때 하원군 이정의 궁노를 만나 서로 다투

143) 신명호, 〈임진왜란 중 선조 직계가족의 피난과 항전〉, 《軍史》제81호, 2011, 145쪽.
144) 《선조실록》26년(1593) 2월 18일.

다가, 이어 저희 편 궁노를 모두 거느리고 불을 밝힌 채 몽둥이를 들고서 하원군 부인의 집으로 쳐들어갔습니다. 심지어 부인을 데리고 가 정원군 집의 문 앞에 가두기까지 했는데, 영제군 이석령·익성군 이향령 등이 울면서 애걸하자 그때야 겨우 돌려보내 주었습니다."[145]

정원군이 이 일은 몰랐던 것 같다. 그러나 그 책임은 정원군에게 있다. 한편 민심 이반을 걱정한 신하들이 정원군 처벌을 요청하는 기사들이 《선조실록》에 보인다. 젊었을 때의 정원군 행실이 바람직하지 않았던 것 같다. 어느 사관은 이렇게 썼다.

사신은 논한다. … 여러 왕자 중 임해군과 정원군이 일으키는 폐단이 한이 없어 남의 농토를 빼앗고 남의 노비를 빼앗았다. 이에 가난한 사족과 궁한 백성들이 모두 자기의 토지를 잃었으되 감히 항의 한번 못하여 중외가 시끄러웠으니, 인심의 원망하고 돌아섬이 어떠하겠으며, 나라의 명맥이 손상됨이 어떠하겠는가.[146]

조선 최고의 금수저를 물고 태어나 헐벗은 백성의 거친 밥상까지 탐했던 모양이다. 아마 나이 먹고 자신의 행실을 반성했을 것이다. 정원군은 아버지 선조가 죽고 형 광해군이 즉위하면서 곤경에 처하게 된다. 견제와 감시의 대상이 되었다. 아들이 능양군, 능원군, 능창군인데 그중 능창군(1599~1615)이 역모죄를 뒤집어쓰고 강화 교동도로 귀양 가서 죽는다. 가여운 죽음이다.

전(능창군)이 위리안치에 나아가자 수장(守將)이 찬 돌방에서 자게

---

145) 《선조실록》 35년(1602) 9월 13일.
146) 《선조실록》 35년(1602) 6월 11일.

하고, 또 모래와 흙이 섞인 밥을 지어 주니, 전이 먹지 못하였다. 그러자 수생이라고 하는 관동(官僮) 한 사람이 옆에 있다가 항상 그가 먹던 밥을 나누어 올렸다. 수장이 그 일을 알고 관동이 그 안에서 밥을 먹지 못하게 하고 가시문 밖에 앉아서 먹도록 하였다. 관동이 몰래 전과 약속하여 옷을 문 안에 펴 놓게 하고 관동이 때때로 숟가락에 밥을 떠 지나가면서 던져주면 전이 한두 숟가락씩 얻어서 먹었다. 전이 괴로움을 견디지 못하여, 하루 저녁에는 글을 써서 관동에게 부쳐 부모와 결별을 고하고는 관동이 문을 나서자 스스로 목을 매어 죽었다.147)

자식을 앞세워 보낸 아비의 슬픔과 고통, 정원군은 술로 날을 지새웠다. 병이 찾아 들었다. 병든 몸으로 이렇게 말하곤 했다. "나는 해가 뜨면 간밤에 무사하게 지낸 것을 알겠고, 날이 저물면 오늘이 다행히 지나간 것을 알겠다. 오직 바라는 것은 어서 죽어 지하의 선왕을 따라가는 것뿐이다."148) 1619년(광해 11), 40세, 정원군이 세상을 떠났다.

▲ 원종 묘역

147) 《광해군일기》 7년(1615) 11월 17.
148) 《광해군일기》 11년(1619) 12월 29일.

그리고 몇 년 뒤 정원군의 장남 능양군(1595~1649)이 광해군을 내몰고 즉위하니 인조다. 이를 인조반정(1623)이라고 한다. 반정(反正)이란 《춘추》 등에 보이는 '발난세반제정(撥亂世反諸正)'이라는 구절에서 나온 말이라고 한다. '어지러운 세상을 다스려 바른 세상으로 되돌려 놓는다.' 정도의 뜻이다. 일으킨 사람들의 명분이 내포된, 승리자의 단어가 반정이다.

정원군의 묘를 경기 양주에 썼다. 인조가 즉위한 후 정원군 묘의 호칭은 홍경원(興慶園)이 되었다. 정원군이 광해군 때 세상을 떠났는데, 부인(인헌왕후, 1578~1626)은 아들 인조가 왕위에 있을 때 사망했다. 인조는 어머니 묘를 김포에 쓰고 육경원(毓慶園)이라고 했다. 얼마 후 인조는 양주에 있던 아버지 묘를 김포 어머니 곁으로 모셔왔다. 왕릉 격으로 이장하는 일이다. 엄청난 공력이 든다. 관련하여 홍문관에서 인조에게 글을 올렸다.

> "홍경원을 이장하는 일은 효성이 지극한 마음에서 나온 것입니다. 그러나 생각건대 전쟁이 겨우 안정되어 백성들이 편히 쉬지 못하는가 하면, 황해도와 평안도 지역에는 싸우다 죽은 뼈가 성에 가득하니, … 이러할 때에 도성 백성들을 징발하여 새로운 원으로 이장을 꼭 해야 합니까. … 삼가 바라건대 전하께서도 적이 물러가고 백성이 안정될 때까지 잠시 기다렸다가 다시 이 예를 의논한다면 저승과 이승 사이에 모두가 부족함이 없을 것입니다."[149]

정묘호란이 막 끝났을 때다. 백성의 고통을 생각해서 홍경원을 김포로 이장하는 것을 미루어 달라는 요청이었다. 인조는 광해군이 토목공사를 크게 벌여 백성을 고통에 빠트렸다고 비판했었다. 그랬는데 즉위

---

149) 《인조실록》 5년(1627) 6월 12일.

하더니 자신도 그렇게 했다. 이장을 강행했다. 어서 빨리 어머님과 아버님을 같이 있게 해드리고 싶었나 보다. 인조는 효자다. 그런데 그 효행이 슬기롭지 못하게 추진될 때는 오히려 부모를 욕보이기도 하는 것이 아닐까 싶다.

아무튼 홍경원이 김포로 이장된 것은 1627년(인조 5) 8월이다. 그리고 5년 뒤인 1632년(인조 10), 인조는 정원군을 왕으로 추존하고 원종(元宗)이라는 묘호를 올렸다. 홍경원·육경원은 장릉(章陵)으로 이름이 바뀌었다.

묘의 호칭이 바뀐 이유가 있다. 조선시대 묘는 묻힌 이의 신분에 따라 호칭이 달랐다. '능·원·묘' 순이다. 능(陵)은 왕과 왕비의 무덤, 원(園)은 세자와 세자빈의 무덤 그리고 반정 등으로 즉위한 왕을 낳은 부모의 무덤, 묘(墓)는 능과 원이 아닌 모든 무덤이다. 세자의 무덤만 '원'이고, 나머지 왕자들의 무덤은 그냥 '묘'다. 폐위된 왕의 무덤도 '묘'이고. 연산군 묘, 광해군 묘. 이 원칙에 따라 정원군의 무덤이 묘 → 원 → 능으로 바뀐 것이다.

장릉은 다른 왕릉의 구조와 비슷하다. 그런데 봉분 꾸밈에 약간의 차이가 있다. 왕릉 봉분은 난간석을 두른다. 난간석은 봉분을 보호하는 기능을 하는데 시각적으로도 무덤을 한결 웅장해 보이게 한다. 장릉에는 이 난간석이 없다. 처음 조성할 당시에는 왕릉이 아니고 왕의 아버지 무덤인 '원'이었기에 난간석을 두르지 않았던 것 같다.

– 인조는 왜?

중종의 아들 명종이 즉위했다. 명종에게 아들이 하나 있었으나 일찍 세상을 떴다. 그래서 다음 왕은 중종의 다른 손자 하성군이 되었다. 하성군이 바로 선조다. 선조는 자기 아버지 덕흥군을 왕으로 추존하지 않았다.

그런데 인조는 아버지를 원종으로 추존했다. 왜? 효(孝)는 표면적인 이유이다. 적장자 계승원칙이 강조되는 유교 국가 조선이다. 인조는 반정으로 즉위했기에 왕으로서의 정통성이 없었다. 정통성이 없으면 웬만해선 왕의 권위를 인정받기 어렵다. 인조는 왕권을 바로 세우려는 의도로 원종 추존을 밀어붙였다. 일을 끝낸 해가 1632년, 인조가 즉위한 지 10년 되는 때다. 즉위하자마자 논의를 시작했으니 10년 걸린 셈이다. 오래 걸린 이유가 뭘까.

이괄의 난? 정묘호란? 영향을 주기는 했다. 그러나 오래 걸린 진짜 이유는 신하들의 반대가 심했기 때문이다. 심지어 인조반정에 적극적으로 참여한 이들 가운데서도 반대하는 사람이 많았다. 원칙을 지키자는 거였다. 인조는 원칙을 무시했다. 호시탐탐 여진족이 노리는 국가적 위기에, 조정이 힘을 모아 외침에 대비하고 민생을 돌볼 정책 마련이 절실한 시기에, 추존하자, 안 된다, 추존하자, 안 된다, 이러면서 10년을 보냈다. 다가오는 병자호란이 걱정이다.

원종 전에 추존된 왕이 있는가? 있었다. 덕종이다. 덕종은 세자였다. 원종 이후에 추존된 왕이 있는가? 있다. 진종·장조·익종이다. 그들도 모두 세자였다. 원종 추존은 무리수였다. 어찌 됐든 원종 추존으로 인조는 알맹이 없는 정통성이나마 확보했다. 선조→원종→인조로 이어지는 왕위 계보를 갖추게 된 것이다. 중종이 다시 떠오른다. 그도 반정을 했다, 중종반정. 연산군을 내쫓고 왕이 되었다. 중종은 아버지를 추존하지 않았을까. 그럴 필요가 없었다. 중종은 연산군의 이복동생이다. 아버지가 성종이다.

현대에도 대통령의 정통성이 중요합니다. 조선 임금의 정통성은 주로 왕의 적장자인가, 아닌가로 정해지고 대통령의 정통성은 선거라고 하는 민주적 절차에 의한, 국민의 지지로 결정됩니다. 쿠데타나 그에 준하는 강제력으로 집권한 대통령은 정통성이 없습니다. 속이 비어 불안한, 정통성 없는 대통령은 외국에 지나치게 의존하는 경향을 보이기도 합니다. 집권하자마자 미국으로 날아가 그 나라 대통령과 악수하고 사진 찍어서, "보아라, 미국 대통령이 나를 대통령으로 인정했다." 쓸쓸한 과시를 하기도 합니다. 국익에 도움이 안 되는 일입니다.

▲ 인조 장릉[경기도 파주시]

김포한강로가 뚫리기 전에는 고촌읍 영사정 묘역 앞길로 자주 다녔습니다. 언덕 위에 자리 잡은 여러 기의 묘를 보면서, 어느 집안 묘역인지 상당히 넓구나, 하는 생각만 했습니다. 알고 보니 거기에 윤계가 조상님들과 함께 잠들어 있었습니다. 이제 윤계의 생애와 병자호란에 대해 살펴보려고 합니다.

- 그대 찾아 한 잔 술을 올리오

윤계(尹棨, 1603~1636)의 자는 신백(信伯), 호는 신곡(薪谷), 시호는 충간(忠簡)이다. 할아버지는 윤섬, 아버지는 윤형갑, 어머니는 황치경의 따님이다. 김포에서 태어난 것으로 말해지기도 하지만, 어머니 친정인 강화에서 출생한 것 같다. 《강도지》(1696)에 장령에서 태어났다고 나온다. 장령은 지금 강화읍의 북쪽과 동쪽 지역이다.

할아버지 윤섬은 임진왜란 때 왜군에 맞서다 전사했다. 윤계의 동생이 삼학사(홍익한 · 윤집 · 오달제)의 한 사람, 윤집이다. 청나라에 끌려가서도 굽히지 않고 당당하게 죽음을 맞았다. 윤계 역시 병자호란 때 청군에게 죽임을 당한다.

윤계의 호가 신곡이라고 했다. 김포 고촌에 신곡리가 있다. 옛 사람들이 호를 지을 때 자신과 연고가 있는 지명을 택하는 경우가 많았다. 윤계의 신곡이라는 호에서 김포와의 인연, 김포에서의 삶을 짐작할 수 있다.

1627년(인조 5)에 과거에 급제했다. 그가 응시한 과거는 강화정시(江華庭試) 문과이다. 이때 급제자는 모두 4명이었다. 강화정시는 강화도에서 시행된 특별 과거이다. 시행된 해가 1627년, 정묘호란이 있던 해다. 강화도로 피해 있던 인조는 후금군이 물러가자 강화 지역 주민을 위로하고 격려하는 차원에서 과거를 열었다. 강화도민 외에 인근 지역민도 응시할 수 있게 했던 것 같다.

윤계의 아버지 윤형갑(1585~1618)은 여러 관직을 거치며 능력을 인정받았다. 그런데 광해군이 영창대군을 서인(庶人)으로 강등해서 강화로 귀양 보내는 등 패륜을 저지르자 이에 반발하여 관직을 버렸다. 광해군은 윤형갑에게 벼슬을 거듭 내렸지만, 사임하고 받지 않았다. 젊은 나이에 쉽지 않은 결단이었다. 그리고 몇 년 뒤 34세, 아까운 나이에 세상을 떠났다.

윤현갑이 사망한 1618년(광해군 10), 아들 윤계는 16세였다. 이 무렵 윤현갑의 부인 황씨는 자식들을 데리고 친정인 강화로 거처를 옮긴 것 같다. 윤계는 외할아버지 황치경의 지원 아래 강화에서 학문을 이어갔다. 아울러 두 동생(윤집, 윤유) 공부까지 챙기며 아버지 역할을 해냈다.

윤계가 급제할 때 합격자 4명 가운데 정유성(1596~1664)이 있다. 정유성의 손자가 조선 양명학, 즉 강화학을 일군 정제두이다. 그런데 정유성 역시 황치경의 외손자다. 황치경은 사위 정근이 사망하자 3살 된 정유성을 데려다 키웠다. 황치경의 두 외손자, 그러니까 윤계와 정유성이 한날한시에 과거에 급제했던 것이다.

1629년(인조 7)에 윤계는 이조좌랑이 되었다. 그때 나이 27세였다. 과거 급제 2년 만에 조정 인사에 막강한 영향력을 행사하는 자리에 앉은 것이다. 발탁 배경도 남달랐다. "최혜길과 윤계를 이조좌랑으로 삼았다. 상이 낭관이 추천한 인물은 채용하지 못하도록 특명을 내렸기

▲ 윤계 묘

때문에 낭관의 추천에 들지 않은 자로 의망한 것이다."150)

　이조전랑(정랑과 좌랑) 즉 낭관은 후임자 추천권이 있다. 자기 쪽
사람 심기가 관례다. 후유증이 너무 컸다. 그래서 인조가 파격적으로,
전랑이 추천한 인물을 거부하고 공정하게 일 처리할 인재를 다시 추천
하게 했다. 그래서 윤계가 선정된 것이다. 윤계는 인조가 고마웠을 것
이다.

　하지만 아부하지 않았다. 오히려 쓴소리를 마다하지 않았다. 임금에
대한 신하의 도리였다. 어느 날 윤계가 인조에게 말했다. "임금이 처음
과 끝이 다르게 되는 것은 공경하느냐 태만하느냐에 달렸습니다. 나라
의 치란이 임금의 한 마음에 달린 까닭에《대학》에서도 '마음에 성내는
바가 있으면 바르게 될 수 없다.'고 했습니다. 요즈음 성상의 분부에
격한 내용이 많으니, 신은 전하께서 마음을 바르게 하는 공부에 미진한
점이 있지 않나 염려됩니다."151)

150)《인조실록》7년(1629) 7월 25일.
151)《인조실록》8년(1630) 12월 25일.

이를 들은 인조는 뭐라고 대답했을까. 실록은 이렇게 기록했다. "상이 아무 말도 하지 않았다. 이어 술을 내렸다."

내수사(內需司) 폐지를 주장하여 인조를 난처하게도 했다. 내수사는 나라가 아닌, 왕실 소유의 재산과 노비를 관리하는 기구다. 왕실의 힘을 배경으로 백성의 토지를 빼앗는 등 불법을 자행해서 문제가 되곤 했다. 내수사 소속으로 지방에 거주하는 외거노비들의 횡포도 자못 심했다.

> 내수사의 종들은 아무리 작은 일이라 할지라도 저에게 불쾌한 것이 조금이라도 있으면 말을 만들어 바로 저의 사(司)에 호소한다. … 상께서도 먼저 들은 말을 옳게 여겨 주현의 관리를 추고하고 치죄하여 반드시 중한 벌을 내리니, … 내수사의 종과 관계된 일에는 수령도 감히 상관하지 않고 조심하여 피하니 … 온 조정이 탄식하고 있다.152)

조헌이 내수사 소속 노비의 잘못을 치죄하다 부평으로 귀양 갔는데, 그 자체가 용기였던 셈이다. 임금 앞에서 임금 재산을 관리하는 내수사를 비판한 윤계의 용기도 볼만하다. 윤계는 내수사에서 하는 일을 직접 막기도 했다. 임금은 분노했다.

윤계는 인조가 아버지 정원군을 원종으로 추존하려는 것도 끝내 반대했다. 옳지 않다고 여겼기 때문이다. 화가 난 인조는 윤계에게 삭탈관작을 명하기도 했다. 삼사가 왕에게 윤계에 대한 처벌을 취소해달라고 거듭 요청했다. 결국 인조는 윤계를 용서했다.

윤계는 출세를 위해 여기저기 눈치 보고 비위 맞추려 하지 않았다. 줄 서지도 않았다. 겸손하고 예의 바르게 선배 관료들을 대했으나 불의를 외면하거나 타협하지 않고 논박하였다. 그래서 고관들도 젊은 윤계

_____
152) 《명종실록》 8년(1553) 3월 25일.

를 어려워하였다고 한다. 김진규(1658~1716)는 윤계의 생애를 기록한 시장(諡狀, 시호를 청하는 글)에 이렇게 적었다.

아아! 사람의 본성에 있어서 누구인들 인의(仁義)가 없겠는가마는 진실로 배워서 밝히고 길러서 확충하지 않는다면 이해(利害)에 임하여서 잃어버리지 않는 이가 드물다. 그런데 오직 공은 나면서부터 자질이 굳세고 순수하였으며, 살펴보건대 그는 집안에 있어서는 효우(孝友)의 행실이 있었고, 조정에 서서는 정직한 지조가 있었으니 평소에 배운 바와 배양한 바를 알 수 있다.

▲ 윤계 신위[강화 충렬사]

언행일치(言行一致), 학행일치(學行一致)의 모범을 보여주었다는 평가이다. 예나 지금이나 입으로는 인의(仁義)를 말하고 몸은 이해(利害)를 따라 놀리는 이들이 많다. 자신은 불공정한 특혜를 누리며 남에게는 공정을 강조하는 이들도 많다. 윤계는 그러하지 않았다. 초지일관, 변함없이 반듯했다.

1635년(인조 13), 인조는 윤계를 경상도 암행어사로 보냈다. 관곡을 빼돌린 지방 수령을 적발하는 등, 경상도민의 삶을 두루 살피고 탐학한 관리를 처벌받게 하면서 어사의 역할을 다했다. 1636년 2월에 남양부사로 임명받았다. 남양은 지금의 경기도 화성지역이다. 남양부사는 지금의 화성시장 정도로 보면 될 것 같다. 윤계가 남양부사로 간 해, 병자호란이 일어났다. 임금이 남한산성에 고립되자, 전국에서 근왕병이 일어나 남한산성으로 향했다.

　윤계 역시 남양에서 근왕병을 모으며 남한산성 진격을 준비하고 있었다. 그런데 청군이 갑자기 들이닥쳤다. 누군가 청군에게 밀고했던 것이다. 청군에게 항복한 박이치라는 사람이 밀고했다고 하는데, 조선에 귀화해서 살고 있던 여진족이 그랬다는 자료도 보인다.

　청군에게 붙잡힌 윤계, 굴복하지 않았다. 오히려 청군을 꾸짖었다. 극심한 고통을 가해와도 굴하지 않았다. 그렇게 난도질당해 죽었다. 청군은 윤계의 혀까지 잘라냈다고 한다. 이때 나이 불과 34세였다. 김진규는 윤계의 마지막 모습을 이렇게 묘사했다.

> 뜻을 함께 하는 사대부와 함께 창의병을 일으켜 전란에 나아갈 것을 모의하고, 군민(軍民) 수백 명을 모집하여 충의로 격려하자 소문을 들은 사람들이 점차 와서 모여들었다. 그러나 오랑캐가 갑자기 습격해 와서 군대가 마침내 궤멸되었다.
> 공은 뜰에 깃발 두 개를 세우고 단정히 당상에 앉아서 산처럼 동요하지 않았다. 오랑캐가 붙잡아서 무릎을 꿇으라고 협박하자 공이 꾸짖으면서 "목을 자를 수는 있어도 무릎을 꿇을 수는 없다."라고 말하였다. 또 회유하여 데리고 가려고 하자 다시 꾸짖어 말하기를 "죽어도 너희들을 따르지 않겠다. 빨리 나를 죽여라."라고 하였다. 오랑캐가 더욱 화가 나서 병장기로 마구 내리쳐서 몸에 온전한 곳이 없었다. 공이 죽음에 임해서도 입으로 꾸짖기를 그치지 않자 오랑캐가 다시 뺨을 도려내고 혀를 잘랐다.

　죽은 윤계는 임시로 대부도에 묻혔다. 병자호란이 끝나고 동생 윤유가 윤계의 묘를 지금의 자리, 고촌 신곡리 영사정 묘역으로 이장하였다. 남양에서 윤계와 함께 청군 공격을 논의했던 조익은 윤계의 사망 소식을 듣고 제문을 지어 올렸다.

...

우리가 함께 맹세한 일 잘못되어

그 뜻을 끝내 이루지 못했나니

하늘을 우러러 그저 통곡할 뿐

나는 장차 어디로 돌아간단 말인가

죽는다 한들 무엇이 슬프겠으며

산다 한들 무엇이 기쁘겠는가

...

섬 안에 임시로 매장하였으니

관도 어찌 제대로 된 관이리오

산천도 시름에 젖어 참담하고

하늘의 해도 빛을 잃었어라

이제 섬을 떠나 돌아갈 즈음에

그대 찾아 한 잔 술을 올리며

제문을 지어 영결을 고하려 하니

기막힌 이 심정 어찌 끝이 있으리오

오호라 슬프다.153)

    1681년(숙종 7), 숙종은 대사헌 이단하의 건의를 따라, 윤계 등의 묘역에 묘지기 2명을 두도록 명했다. 묘지기의 세금과 군역을 면제해주고 대신 묘역 관리를 철저히 하도록 했다.154) 윤계를 비롯해 함께 모셔진 인물들이 충절의 모범이 되기 때문이었다.

    "상이 장릉에 행차하고 김포군에 들렀다. … 예관을 보내어 문열공 조헌의 서원, 증 영의정 윤섬과 증 판서 윤계의 묘 및 육신사(六臣祠)에 치제하였다."(《국조보감》). 1734년(영조 10)에 영조가 장릉에 오면서 윤계 등에게 제사를 올리게 했다는 것이다.

---

153) 《포저집》 제29권, 제문.
154) 《숙종실록》 7년(1681) 2월 3일.

정조도 장릉에 왔다. 그도 윤계를 잊지 않았다. 《홍재전저》에 정조의 명이 기록되어 있다. "정헌공 윤우신, 문열공 윤섬, 충강공 윤형갑, 충간공 윤계는 한 가문의 충절을 지닌 인물들로 늘 흠모하였다. 이제 그 묘소를 지나게 되었는데 어찌 뜻을 보이는 일이 없을 수 있겠는가. 선조(先朝) 갑인년의 고사에 따라 치제하라." 선조(先朝)는 앞 임금, 즉 영조 때, 갑인년은 1734년이다. 영조가 윤계 등에게 제사 올리게 했듯, 이번에도 그렇게 하라는 뜻이다.

윤계는 조선시대 내내 우러름의 대상이었다. 병자호란 때 전사하지 않았다면, 조정에서 바른 정치를 펼치는 기둥이 되었을 것이다. 고촌읍 그의 묘소에 가면 다른 곳과 달리 봉분이 셋이다. 부인 동래정씨와 밀양박씨를 함께 모셔서 그렇다. 봉분 앞 묘비는 '증(贈) 자헌대부 이조판서'로 시작된다. 추증, 그러니까 사망 뒤에 나라에서 벼슬을 자헌대부 이조판서로 올려 주었다는 의미이다.

자헌대부, 숭정대부, 이런 벼슬이 있습니다. 이 책에서 소개하는 인물들 대개가 받았지만, 굳이 소개하지 않았습니다. 잘 쓰지 않기 때문이지요. 그런데 해당 인물의 비문에는 예외 없이 이런 벼슬이 적혀 있습니다. 윤계처럼 말이지요. 자헌대부 등의 성격이라도 알아보는 게 좋겠습니다.

"숭정대부는 어떤 일을 하던 관직일까?"라고 물었다면 이 질문은 약간 잘못된 것입니다. 숭정대부는 어떤 직책을 맡는 관직이 아니라 품계의 높낮이 그러니까 계급 서열을 말하는 것입니다. 신라사에 나오는 '관등' 같은 것이지요.

관등은 중위, 대위, 대령 같은 계급을 말합니다. 군대에서 '관등성명'을 대라고 하면, "행정병 이경수"라고 안 합니다. "상병 이경수" 이렇게 대답합니다. 관등은 계급, 즉 품계! 관직은 소대장, 중대장 같은 실제 직책입니다. 김포시청의 서기관, 사무관이 관등이라면 국장, 과장이 관직입니다. 조선시대 관직은? 익히 들어 온 이조판서, 영의정 이런 겁니다. 관직은 대개 관등에 맞춰 주어집니다.

조선시대의 품계, 즉 관등은 정1품부터 종9품까지 18단계로 구성되었습니다. 종4품까지가 '-대부(大夫)'이고 정5품부터는 '-랑(郞)'입니다. 정3품 통정대부까지를 당상관이라고 부르고, 역시 정3품인 통훈대부 이하는 당하관이라고 합니다. 《경국대전》에 나오는 품계를 표로 정리하면 다음과 같습니다. 대표적인 관직도 함께 정리합니다.

	품계(관등)	관직
정1품	대광보국숭록대부 보국숭록대부	영의정 좌의정 우의정
종1품	숭록대부 숭정대부	
정2품	정헌대부 자헌대부	6조판서 홍문관 대제학 한성부 판윤
종2품	가정대부 가선대부	사헌부 대사헌
정3품	통정대부	승정원 도승지 사간원 대사간
	통훈대부	
종3품	중직대부 중훈대부	
정4품	봉정대부 봉렬대부	
종4품	조산대부 조봉대부	
정5품	통덕랑 통선랑	6조 정랑
종5품	봉직랑 봉훈랑	
정6품	승의랑 승훈랑	6조 좌랑

	품계(관등)	관직
종6품	선교랑 선무랑	
정7품	무공랑	
종7품	계공랑	
정8품	통사랑	
종8품	승사랑	
정9품	종사랑	
종9품	장사랑	

– "우리를 버리고 가십니까?"

이제 윤계 시대의 아픈 역사, 병자호란을 건드려본다. 병자호란은 1636년(인조 14), 병자년 12월부터 다음 해인 1637년(인조 15), 정축년 1월까지의 사건이다. 햇수로는 2년이지만 실제 전쟁 기간은 두 달 정도였다. 기간이 그리 길지 않았고 전쟁 지역도 제한적이었다. 하지만 피해는 심각했다.

1636년 12월 9일, 얼어붙은 압록강을 건너 청군이 침략해왔다. 12월 14일, 인조는 먼저 종묘사직과 신주를 받들어 강화도로 보냈다. 원손과 봉림대군 그리고 궁궐 여인들과 연로한 신하들을 함께 보냈다. 이들은 김포를 거쳐 강화로 무사히 들어갔다.

얼마 후 인조도 궁을 나섰다. 강화도로 가기 위함이다. 그런데 청군이 어느새 내려와 강화로 가는 길목을 막아버렸다. 안절부절 끝에 인조 일행은 남한산성으로 피했다. 청군은 남한산성을 포위했다. 해 바뀐 1637년 1월 22일, 청군은 강화도를 함락시킨다. 남한산성 사람들 충격이 컸다. 1월 30일. 인조는 결국 남한산성을 나와 한강가 삼전도(三田渡)에서 청 태종에게 항복한다.

높다랗게 쌓은 단상에 앉은 청 태종에게 인조는 모두 세 번 절하고 아홉 번 조아리는 항복 예를 행해야 했다. 삼배구고두례(三拜九叩頭禮)라는 것이다. 이를 '삼전도의 굴욕'이라고 한다. 오랑캐로 여기던 청에 항복한 것이 당시 조선의 처지에서 보면 굴욕일 수 있다.

지금 삼배구고두례를 지나치게 감정적으로 묘사하고 평가하는 경향이 있다. 해당 드라마나 다큐멘터리에 인조의 항복 장면이 나올 때마다 이마에서 붉은 피가 흐른다. 이마를 땅에 아홉 번 찧으면서 상처가 난 것이다. 그런데 사실 구고두례는 이마가 땅에 닿지 않게 숙이는 것이다. 피날 일이 없다. 과장된 연출이다. 청 태종이 인조를 욕보이려고 특이한 절을 요구한 것도 아니다. 그네들 정통 풍습일 뿐이다. 청나라 황제들도 제사를 지낼 때 직접 삼배구고두례를 했다.

항복하기 직전 인조의 가장 큰 걱정거리는 '이 나라가 망하면 어찌하나'가 아니었다. '어찌하면 백성들을 살릴 수 있을까.'도 아니었다. '어찌해야 내가 안 잡혀갈까.'였던 것 같다. 실록을 톺아보다 든 생각이다. 인조는 청 태종이 자신을 청으로 끌고 갈까 봐 무지하게 걱정했다. 다행히 끌려가지 않았다. 대신 어마어마하게 많은 백성이 끌려갔다. 수십만 명 된다고 한다.

항복하고 한양 궁궐로 돌아오는 길, 포로로 잡힌 수많은 백성이 인조 일행을 발견했다. 그들은 임금을 향해 울부짖었다.

"우리 임금이시여,
우리 임금이시여,
우리를 버리고 가십니까?"
[吾君‧吾君, 捨我而去乎][155]

---

155) 《인조실록》 15년(1637) 1월 30일.

갔다.

정묘호란 끝나고 병자호란까지 근 10년이다. 그동안 조선은 뭘 했나. 어찌하여 청군이 단 며칠 만에 한양까지 들이닥치나. 아무리 날쌘 기병이라도 너무 하지 않은가. 수비병들이 강력하게 막아섰어야지. 장만은? 장만은 병자호란 때 이 세상 사람이 아니었다. 그가 살아있었다면, 전쟁의 양상이 달라졌을지도 모른다.

정묘호란에서 병자호란 사이, 조선 조정이 외침에 대한 준비 없이 허송세월한 것은 아니다. 나름 방어대책을 세우고 전투를 준비했다. 중앙군을 정비하고 산성을 보수하고 병력을 증원했다. 부족한 대로 해볼 만하다고 생각했다. 그런데 뭘 어떻게 해볼 기회가 별로 없었다. 무슨 소리? 청군이 산성을 거의 공격하지 않은 것이다.

우리는 전통적으로 외적이 쳐들어오면 관민이 성안에 들어가서 공격해오는 적과 싸웠다. 이번에도 그렇게 될 것으로 생각하고 대부분 병력이 주요한 성으로 들어갔다. 그런데 청군이 의도적으로 산성 전투를 피하고 한양 쪽으로 내달린 것이다. 속전속결, 바로 조선 임금을 노렸다. 그들은 인조가 강화도로 피난할 것임을 짐작하고 있었다.

그렇다면, 이괄의 반란 때 장만이 그러했듯, 남쪽으로 적을 추격하면 되지 않았을까? 그것도 쉽지 않았다. 청군이 한꺼번에 남하한 것이 아니고 1진, 2진, 3진 …, 시간 간격을 두고 남으로 향했다. 어디가 마지막인지 알 수가 있어야. 더구나 일정 지역마다 병사를 남겨두고 조선군의 반격에 대비했다. 그래서 산발적인 전투가 있었어도 정세에 큰 영향을 끼치지 않았다.

청군은 병력이 얼마나 됐을까. 정확히 알기 어렵다. 역대 유명 전투에서 침략군의 규모가 말해지긴 하지만, 대개 과장됐을 가능성이 크다. 지금 3만 명이 시위를 벌였다고 치자. 경찰 추산 1만 명, 주최 측 주장 4만 명 식으로 발표된다. 그래도, 알려진 청군 규모에 대해 살펴보자.

정묘호란 때는 3만이 좀 넘었다고 한다. 이번 병자호란에는 10만 명 정도였다고 몇몇 사료에 나온다. 구체적으로 청나라 병사(만주족) 7만 8천 명, 청에 복속된 몽골 병사 3만 명, 청에 항복해온 명나라 병사(한족) 2만 명, 모두 합해서 12만 8천 명이 동원됐다는 연구 결과도 있다. '12만 8천'은 거의 정설로 인정받는다.

그런데 정설을 비판하는 연구물이 새로 나왔다. '12만 8천'의 구체적 근거를 찾을 수 없다는 것이다. 정설을 비판한 연구자는 청군의 조직과 편성 등을 면밀히 분석해서 병자호란 당시 청나라 침략군의 규모가 정규 병력 기준으로 3만4천 명 정도일 것으로 추산했다.[156] 만주족, 몽골족, 한족 모두 포함해서 말이다. 일반적인 예상보다 훨씬 적은 수치지만, 그 주장에 설득력이 있다.

▲ 남한산성

---

156) 구범진, 《병자호란, 홍타이지의 전쟁》, 까치, 2019, 44쪽.

청나라 너무하네, 정묘년에 한 번 들쑤셔 놓았으면 됐지, 10년 만에 또 쳐들어온 이유가 뭘까. 아직 청은 명을 점령하지 못했다. 여전히 명나라가 타깃이다. 그동안 신경 쓰이던 몽골 부족들을 굴복시켰다. 이제 남은 건, 조선이다. 확실하게 눌러 놓아야 한다. 그래서 쳐들어왔다. 정묘호란을 일으킨 이유와 비슷하다.

그때 화친 조약을 맺지 않았나. 정묘호란 당시의 화친 조약은 조선과 후금, 어느 나라도 만족스럽지 않았다. 후금은 조선과 명의 외교 관계를 완전히 끊으려고 했으나 그렇게 하지 못했다. 명과 조선의 소위 군신관계(君臣關係)를 그대로 인정하면서 후금과 조선의 형제관계 맺음에 만족해야 했다.

조선은 후금이 물러난 후 화친 정책을 펼치지 않았다. '자기부정'에서 오는 모멸감을 후금에 대한 적대감 표출로 감추고 있었다. 광해군의 중립외교를 가열하게 비판하며 반정을 일으킨 인조와 서인 정권은 친명배금(親明排金)을 내세웠다. 임진왜란 때 망할 위기에서 나라를 구해준 명의 은혜를 잊으면 안 된다고 외쳤다. 이른바 재조지은(再造之恩)이다.

그런데 집권하고 보니 비로소 현실이 보였다. 대외적으로 친명배금을 당당히 외치기 어려워 쭈뼛거렸다. 자신들 정권의 존재 이유가, 그 명분이 약해지기 시작했다. 정묘호란이 일어났다. 친명배금을 실천하려면 화친은 결코 있을 수 없는 일이었다. 후금을 끝까지 배척해야 했다. 그런데 화친했다. 반정의 명분이 사라진 것이다. 그나마 후금을 계속 적대해야 마음이 덜 불편했을 것이다. 그 후금이 청이 됐다. 이번엔 형제관계가 아니라 군신관계를 요구해왔다. 여진이 화친조약을 깬 셈이다. 조선은 수용할 수 없었다. 결과는 병자호란.

청 태종은 조선이 먼저 정묘호란 때 맺은 화친조약을 깼다고 주장했다. 조선이 먼저 배신했기 때문에 조선을 칠 수밖에 없다는 핑계다.

조선이 배신했다는 증거는 있는가. 청 태종이 제시한 것은 인조가 1636년(인조 14) 3월에 지방관들에게 보낸 교서였다. 일종의 비밀 편지다.

편지 보내기 얼마 전 후금의 사신 용골대 등이 조선에 왔다. 건방을 떨었다. 분위기가 험악해졌다. 생명에 위협을 느낀 용골대가 서둘러 돌아갔다. 양국 관계가 심상치 않아졌다. 임금 인조는 지방관들에게 급히 교서를 보냈다. 그런데 평안도 관찰사에게 가던 교서에 문제가 생겼다. 황당한 배달 사고, 후금으로 돌아가던 용골대 일행에게 빼앗긴 것이다.

그 내용은 만약의 사태에 대비해 국경 수비를 더욱 강화하라는 것이었다. 물론 후금에 대한 반감을 그대로 드러내기는 했다. 이 교서를 보통 "척화교서"라고 말한다. 그런데 인조는 교서 어디에서도 후금과의 외교 관계 단절을 선언하지 않았다. 즉 정묘호란 때 맺은 조약을 파기하지 않았다. "저 못된 애들이 또 쳐들어올지 모르니, 방비를 단단히 하라." 정도의 의미였을 뿐이다. 척화를 공포한 교서로 보기 어렵다.[157] 이 교서 때문에 병자호란이 일어난 것이 아니다. 청이 침략 명분으로 이용했을 뿐이다.

- 광해군이 폐위되지 않았다면

만약 광해군이 폐위되지 않았다면, 전쟁은 없었을까. 광해군의 중립 외교는 대단한 용기였다. 이미 쇠약해진 명, 혈기왕성한 신생국 후금, 두 나라가 맞붙었다. 임진왜란으로 조선과 명은 군사동맹을 맺은 셈이다. 조선이 명나라 편에 서는 게 당연했다.

그런데 후금을 자극할 경우 그들의 침략을 받게 될 가능성이 크다. 임진왜란 끝난 지 얼마나 됐다고 또 전쟁. 조선은 여력이 없다. 결국

---

157) 오수창, 〈병자호란에 대한 기억의 왜곡과 그 현재적 의미〉, 《역사와 현실》 제104호, 2017, 58쪽.

광해군은 장만의 방책을 따라 실리적으로 두 나라를 대했다. 명이 후금과 싸울 병사를 조선에 거듭 요청했지만, 광해군은 미루다 한 번만 겨우 보냈다. 신하들의 반발이 극심했지만, 광해군은 버텼다. 그러다 폐위됐다. 부수적으로 영창대군을 죽게 하고 인목대비를 유폐한 잘못도 이유로 지적됐지만, 역시 중립외교가 가장 큰 '죄'였다.

만화 같은 가정을 해보자. 멕시코가 미국을 침공했다. 전면전이다. 의외로 미국이 밀린다. 중국이 멕시코를 돕겠다고 발표했다. 다급해진 미국이 한국군 파병을 요청해왔다. 6.25 전쟁 때 망할 나라를 구해줬으니, 이번에는 좀 도와달라고 매달린다. 우리 군대를 미국에 보내야 하나. 말아야 하나 ….

광해군이 폐위되지 않았다면, 정묘호란·병자호란이 없었을까, 물어놓고 너무 곁돌았다. 정답이 있을 리 없다. 저마다 생각이 다를 것이다. 아마도 끝내 전쟁을 피하지는 못했을 것이다. 누르하치는 조선에 비교적 우호적인 생각을 갖고 있었던 것 같다. 광해군이 폐위된 것은 1623년, 누르하치는 3년 뒤인 1626년에 사망했다. 그 3년간 누르하치는 조선을 침략하지 않았다. 그런데 누르하치 아들 홍타이지(태종)가 즉위하면서 바로 조선으로 쳐들어왔다. 홍타이지는 아버지와 달리 조선에 적대적이었다.

광해군이 계속 재위에 있었다면, 후금을 적절히 어르며 침략을 지연했을 것이다. 인조 때보다 방어 대책을 더 꼼꼼하게 세워 전쟁 준비를 했을 것 같다. 이괄이 반란을 일으킬 일도 없었다. 그러면 일방적으로 밀리지 않았을 것이다. 격퇴했을 수도 있었다고 여긴다.

청 태종은 조선 조정 신료들을 이렇게 평했다. "책을 읽었지만, 백성과 나라를 위해 경륜을 발휘할 줄 모르면서 한갓 허언(虛言)만 일삼는 소인배들."[158] 척화파를 가리키는 것일 게다. 그때 남한산성 신료들은 척화파와 주화파로 갈려 있었다.

김상헌이 척화파, 최명길이 주화파. 대세는 척화파였으나 결국은 주화파의 주장에 따라 항복했다. 최명길이 항복문서를 썼는데 김상헌이 찢어버렸다. 찢어진 문서를 주섬주섬 집어 들며 최명길이 이렇게 말했다고 한다. "잘하셨소. 나처럼 쓰는 자가 있으면, 그대처럼 찢는 이도 있어야 합니다." 그렇다. 조정 관료 모두가 뜻 모아 항복을 외쳤다면, 나라꼴이 더 우스워졌을 것이다. 극렬하게 대치하면서도 상대의 존재를 인정하고 존중하는 자세도 보기 좋다.

나라가 어찌 되든, 백성이 어찌 되든, 항복은 안 된다고 외친 척화파. 지금 시각으로 보면 잘못된 것 같지만, 그때는 꼭 그렇지도 않았다. '의리'의 본디 말뜻은 "무조건 네 편이 되어줄게." 친한 사람 편에 서는 것이 아니다. '사람으로서 당연히 지켜야 할 도리'를 말한다. '명분'이라는 말이 흔히 '일을 꾀하는 데 있어 내세우는 구실이나 이유'라는 의미로 쓰이지만, 원래 뜻은 '직책이나 신분에 걸맞게 각자의 자리에서 지켜야 할 도리'이다. 의리와 의미가 서로 통하는 것이다.

중화(中華)와 오랑캐를 구분하는 성리학적 세계관이 지배하던 당시, 성리학 하는 조선의 지식층은 중화 즉 명을 따르는 것이 의리이고 명분이었다. 그래야 사람인 것이다. 한낱 오랑캐에 불과한 청을 섬길 수는 없는 것이다.

주자가 성리학을 완성한 시기는 남송시대다. 송이 오랑캐로 여기던 여진족(금)에게 나라를 빼앗기고 남쪽으로 쫓겨 온 시대다. 주자는 중화의 자부심을 강조하고, 인륜을 저버린 무도한 오랑캐(금)에 대한 적개심을 강하게 드러냈다. 결코, 상대할 수 없는, 기필코 거부하고 극복해야 할 야만, 그게 오랑캐였고 금이었다. 척화파는 충실히 주자의 길을 간 것이다.

---

158) 한명기, 《병자호란》2, 푸른역사, 2013, 51쪽.

사실, 척화를 외치던 사람들 가운데 내심 항복하는 게 낫겠다고 생각한 사람들도 있었을 것이다. 그러나 입으로는 "항복 불가"를 외쳤다. 그냥 분위기에 묻어갔다. 그게 안전하기 때문이다. 인조반정의 정당성을 말할 수 있기 때문이다. 주화를 외친다는 것은 위험한 짓이다. 성리학자로서의 정체성을 포기하는 것이니까. 인조반정의 정당성을 부정하는 셈이니까. 척화파는 '현명'했다. 전쟁이 끝난 후 조정에서 여전히 실세로 떵떵거릴 수 있었다. 떵떵거림은 그들의 후손에게로 이어졌다.

반면에 최명길은 '현명'하지 못했다. 주화 주장이 얼마나 위험한지 알았을 것이다. 이후 조선에서 자신에 대한 평가가 얼마나 부정적일지도 짐작했을 것이다. 그가 주화의 선봉이 된 것은 자신을 스스로 버렸다는 의미이다. 그 역시 척화파처럼 명을 존숭했다. 하지만 성리학적 사고의 울타리를 뛰어넘었다. 나라와 백성의 어려운 현실을 우선으로 삼았다.

대개, 나라의 현실을 인정하고 백성을 전쟁의 고통에서 벗어나게 하려고 한 주화파를 지지한다. 힘도 안 되면서 명분과 의리를 앞세워 항복을 거부한 척화파를 비판한다. 그러면서도 척화파의 상징이기도 한 삼학사는 칭송한다. 임진왜란 의병장들 역시 척화파의 범주에 든다. 그들도 명분과 의리를 지키기 위해 의병을 일으켰다. 우리는 임진왜란 의병장들을 칭송한다. 평가란 정말 힘든 것이다.

- 또 한 사람 김포인, 민성

남한산성의 인조가 항복을 결정하는데 결정적으로 작용한 사건이 강화도 함락이다. 강화도만큼은 안전할 것이라고 믿었던 인조는 충격에 빠질 수밖에 없었다. 강화도가 왕실의 피난처로 주목된 것은 일종의 학습효과라고 할 수 있다.

몽골의 침략 당시 고려 조정은 강화로 천도해서 나라를 지킬 수 있었다. 바다 싸움에 서툰 유목민의 특성을 이용해 섬으로 천도했던 것인데 실제로 수십 년 대몽항쟁 기간에 몽골은 강화도를 한 번도 공격하지 못했다. 그래서 인조는 정묘호란 당시 강화도로 옮겨왔고 안정을 찾을 수 있었다. 그랬던 강화도가 이번에 함락된 것이다.

여러 가지 함락 원인을 뽑아 볼 수 있지만, 가장 큰 이유가 방심이다. 겨울이다. 강화해협(염하)에 유빙(流氷)이 가득하다. 배가 건널 수 없다. 그래서 철저히 방비하지 못했다. 수비 병력 대부분은 청군이 건너 온 강화의 관문 갑곶에, 없었다. 남쪽 광성보 지역쯤에 주둔했다. 거기는 얼음덩이가 흘러 빠져나가서 뱃길이 열리는 지역이다. 만약 쳐들어 온다면 갑곶이 아니라 광성보 쪽이라고 판단한 지휘부는 병력을 그쪽에 배치했다.[159]

애초 김포에 덕포진을 설치한 목적 중 하나도 이와 관련이 있다. "갑곶이 얼어붙어 뱃길이 막히면 광성이 손돌목 아래에 있어 창졸간에 변란이 일어날 때 뱃길이 광성을 거치게 되니 당초 덕포를 설치한"[160] 이유이다. 유사시 임금이 강화로 피난할 때 유빙으로 갑곶이 막히면 덕포진 쪽에서 강화로 건너야 하기에 왕을 호위하여 머물 수 있는 안전

▲ 겨울 염하 유빙

---

159) 구범진, 《병자호란, 홍타이지의 전쟁》, 까치, 2019, 180~181쪽.
160) 《영조실록》 21년(1745) 3월 11일.

시설이 필요하고, 그래서 덕포진을 설치했다는 말이다.

그러나 청군은 갑곶으로 건넜다. 허를 찔렀다. 어인 일인지 그날은 갑곶 앞바다에 유빙도 별로 없었던 것 같다. 자연지형이 아무리 방어에 유리해도 지키는 것은 결국 사람의 몫이다. 허둥대기만 했던 강화도 수비책임자 김경징과 장신, 그들이 택한 것은 도망이었다. 가족마저 강화 땅에 나두고 지들만 살겠다고 달아났다.

강화를 점령한 청군의 만행이 무지막지했다. 저 멀리 마리산까지 누비며 약탈, 방화, 살인, 겁탈을 마구 해댔다. 많은 여인이 정절을 지키려 자결했다. 끌려도 갔다. 남자들이 잘못해서 침략을 받고, 여인들이 그 피해를 몇 곱으로 받는 고통이 역사에 반복됐다. 일제강점기 '일본군 위안부'에 이르기까지 말이다. 남자들은 자신들의 잘못을 덮어두고 겁탈당한 여인들만 욕해댔다.

여인은 여인이기에 죄인이 되어야 했다. 청나라에 끌려갔던 여인들이 몇 년 후 돌아왔을 때 남편들은 그녀들을 야멸차게 버렸다. 다음 사료는 당시 그 잘난 남자들의 인식이다.

> 사신은 논한다. 충신은 두 임금을 섬기지 않고 열녀는 두 남편을 섬기지 않으니, … 사로잡혀 갔던 부녀들은, 비록 그녀들의 본심은 아니었다고 하더라도 변을 만나 죽지 않았으니, 절의를 잃지 않았다고 할 수 있겠는가. 이미 절개를 잃었으면 남편의 집과는 의리가 이미 끊어진 것이니, 억지로 다시 합하게 해서 사대부의 가풍을 더럽힐 수는 절대로 없는 것이다. … 선정(先正)이 말하기를 "절의를 잃은 사람과 짝이 되면 이는 자신도 절의를 잃는 것이다." 하였다.[161]

---

161) 《인조실록》 16년(1638) 3월 11일.

▲ 표충사와 정성지문

병자호란 그때 강화에는 조정뿐 아니라 한양과 김포 등 주변 지역민도 적군을 피해 들어와 있었다. 의병이 되어 청군에 대항하려다 스러진 생명도 많다. 그 가운데 한 사람, 김포 사람, 민성이 있다. 민성(閔垶, 1586~1637)의 자는 재만(載萬), 호는 용암(龍巖), 시호는 충민(忠愍)이다. 민인백의 아들이다. 지금의 하성면 지역인 통진 봉상리에 살던 민성은 청군이 쳐들어오자 가족을 데리고 강화도로 들어갔다. 세 아들과 함께 의병이 되어 강화를 지키던 민성은 성이 함락되자 가족과 자결한다. 달아날 것을 권하는 주변인들의 권유를 뿌리치며 말했다.

"강토가 얼마나 남아 있는지 모르는데 내 어찌 구차하게 살겠는가? 오늘날의 의리는 오직 정결한 곳에 가서 조용히 죽는 것뿐이다." 전등사 주변 조용하고 정갈한 장소를 택해 들어간 민성은 아들, 딸, 며느리 등 가족과 함께 목숨을 버렸다.[162] 《송자대전》에는 민성과 가족이 자결한 장소가 천등사라고 나온다. 천등사가 곧 전등사였던 것 같다. 민성의 아들 지박이 먼저 자결하였다. 아버지 민성이 죽는 모습을 차마 눈 뜨고 볼 수 없어서였다. 나라에서는 민성 가족의 충절을 기려 정려문을 내렸다.

하성면 전류리에 그를 모신 사당 표충사(表忠祠)와 정성지문(旌垶之門)이 있다. 정성지문 앞 숲속 언덕에 서면 바다를 만나려 먼 길 흘러온 한강을 볼 수 있다. 언덕에 정자가 있었다고 한다. 정자에서 보는 주변

---

162) 《순조실록》 16년(1816) 12월 25일.

경관이 참 수려했을 것 같다. 그때는 철책선도 없었고, 전봇대도 없었고.

> 증 참판 민성 집안에는 정문이 12개나 되니 더욱 우뚝한 바이다.
> 한 집안에서 한꺼번에 절의를 위해 죽은 사람이 12명이나 되니,
> 이러한 절의에 대하여 어찌 그저 정문을 세우고 추증(追贈)하는
> 데 그칠 수 있겠는가. 특별히 나타내주는 조치를 이러한 집안에
> 하지 아니하고 어디에 하겠는가. 지금에야 그것을 깨닫고 보니 나
> 의 고루함이 매우 한스럽다.163)

나의 고루함이 한스럽다고 자책한 정조는 민성에게 호조판서를 추증하고 충민(忠愍)이라는 시호를 내렸다. 그런데 사실은 강화에서 자결한 민성의 가족이 모두 13명이었다. 송시열이 이런 기록을 남겼다. "조정에서는 민성과 그의 여러 자녀 그리고 여러 며느리와 첩까지 모두 12명을 정포(旌褒, 나라에서 정려문을 세워주고 포상함)하였는데, 유독 그의 서자(庶姊)인 민씨만 그 정포에 끼지 못하였으니 애석하다."164)

자결한 이가 한 사람 더 있었던 거다. 민성의 이복 누님 민씨이다. 민성이 누님에게 말했다. "우리들은 곧 죽을 겁니다. 누님은 연로하여 욕을 당하지 않을 것이고 또 죽임도 당하지 않을 것이니, 노비들과 함께 이 어린아이들을 업고 나가십시오."

그러자 누님이 "의리상 함께 죽어야 마땅한데 어찌 차마 나 혼자만 살아남겠소."라며 거절했다. 민성이 거듭 청하니, 마지못해 따랐다. 민성의 어린 손주들을 데리고 길을 나선 민씨는 도중에 가족들이 모두 목을 맸다는 소식을 들었다. 그러자 등에 업은 아이를 늙은 여종에게

---

163) 《정조실록》 14년(1790) 3월 19일.
164) 《송자대전》 제214권 傳.

넘겨주고 스스로 목숨을 끊었다. 이렇게 죽은 민씨에게는 정문이 내려 지지 않았다. 송시열이 이를 애석하기 여긴 것이다.

1816년(순조 16)에 강화유수 서능보가 순조에게 상소를 올렸다. 그 내용은 민성을 강화도 충렬사에 배향하게 해달라는 것이었다. 충렬사 는 병자호란 때 강화에서 순절한 김상용 등을 모신 사우이다. 순조는 허락했다. 그래서 지금 강화군 선원면 충렬사에 윤계와 함께 민성의 위패도 모셔져 있다. 충렬사에 다시 가봐야겠다. 가서 민성에게 조심스 럽게 여쭙고 싶다. 최선이었나요.

▲ 충렬사[강화군 선원면]

실학의 큰 인물, 박제가

한국사에서 실학은 매우 중요한 분야로 인정받는다. 대표적인 실학자 하면 정약용, 정약용 하면 '실학의 집대성'이 떠오른다. 각종 시험에도 곧잘 출제된다. 그래서 중농학파 유형원·이익·정약용, 중상학파 유수원·홍대용·박지원·박제가의 주장을 그들이 남긴 책 이름과 함께 외우며 공부했던 기억이 독자들에게 남아있을 것이다. 지금 한창 공부하는 학생도 있을 테고.

그동안 실학의 역사적 가치를 지나치게 강조하는 경향도 없지 않았던 것 같다. 이를테면 실학의 근대 지향성을 너무 부각했던 게 그렇다. 그렇다 해도 조선 후기 실학자들의 현실 고민과 개혁 주장은 매우 값진 것임이 틀림없다. 그들은 고인 물을 흐르게 해서 조선사회에 생기를 불어넣으려고 했다. 사람과 물건의 본성이 같은가, 다른가를 논하던 성리학자들과 달리 실학자들은 물건으로 사람 살릴 궁리를 했다.

실학자들이 특히 주목한 부분이 민생이다. 어찌하면 이 가여운 백성들을 사람답게 살게 할 수 있을까. 저들을 배부르고 등 따습게 해주려면 무엇부터 뜯어고쳐야 할까. 이런 점을 고민하고 나름의 대책을 내놓았다. 그래서 값지고 귀한 것이다.

- 손수 쌀 씻어 밥을 해주고

중농학파는 주로 자영농 보호와 육성을 개혁의 중심으로 삼았다.

자영농이란 자기 소유의 농토를 가진 농민을 말한다. 농사 짓는 사람이 농토를 갖는 것이 당연한데 현실은 그 반대다. 중농학파 실학자들은 농민들이 토지를 소유할 수 있도록 다양한 개혁안을 내놓았다. 자영농이 바로 서야 나라가 바로 선다.

토지를 재분배해서 농민에게도 땅을 주자는 유형원의 주장이 균전론이다. 생존에 필요한 최소한의 토지는 매매를 금지해서, 영세 자영농이 토지를 잃어 몰락하지 않도록 하자고 한 사람은 이익이다. 한전론이라고 한다. 정약용은 아예 토지를 국유화해서 농민들 삶의 질을 끌어올리자는 정전제 등을 말했다.

중상학파라고 해서 농업 분야에 무관심했던 것은 아니다. 그들도 각종 농업 기술 향상을 통해 생산량을 늘리는 방법을 제시했다. 다만 중상학파 실학자들이 농업보다 더 주목한 분야가 상공업이다. 상공업을 살려서 백성을 부유하게 하고 나라 살림을 윤택하게 하자고 주장했다. 세상이 바뀌고 있음을, 바뀌어야 함을 그들은 인식하고 있었다.

중상학파가 발전 모델로 삼은 나라가 청나라다. 청나라를 쳐서 병자호란의 치욕을 씻자는, 북벌론의 잔상이 여전히 남아있던 때, 청나라를 배우자는 북학론의 등장은 그 자체가 참신한 사건이라고 할만하다.

북학론을 대표하는 인물, 박지원(1737~1805)과 박제가(1750~1805)다. 그들은 각각 《열하일기》와 《북학의》를 썼다. 박제가는 《북학의》에서 물건을 이롭게 써서[利用] 백성 생활을 윤택[厚生]하게 해야 함을 강조했다. 그래서 중상학파를 이용후생학파(利用厚生學派)라고도 부르게 되었다.

박제가는 박지원보다 14살 아래다. 박제가는 한 동네 살던 박지원을 스승이자 형님으로 따르고 의지했다. 박지원은 나이를 초월한 벗으로 박제가를 대했다. 박제가는 박지원과의 첫 만남을 이렇게 기록했다.

내 나이 열여덟아홉 되던 때 박지원 선생이 문장에 뛰어나 당세에 이름이 높다는 소문을 듣고 탑 북쪽으로 선생을 찾아 나섰다. 내가 찾아왔다는 전갈을 들은 선생은 옷을 차려입고 나와 맞으며 마치 오랜 친구라도 본 듯이 손을 맞잡았다. 드디어 지은 글을 전부 꺼내어 읽어 보게 하였다. 이윽고 몸소 쌀을 씻어 찻그릇에 밥을 안치시더니 흰 주발에 퍼서 옥소반에 받쳐 내오고 술잔을 들어 나를 위해 축원하였다.165)

우리는 박지원의 《열하일기》가 먼저 나오고 그 영향으로 박제가가 《북학의》를 쓴 것으로 짐작한다. 그런데 아니다. 《북학의》가 먼저 쓰였다. 박제가가 1778년(정조 2)에 청나라 사신단에 포함되어 중국에 갔다. 가고 오고 머물며 보고 듣고 느낀 점을 기록했다. 박지원은 2년 뒤인 1780년(정조 4)에야 사신으로 청나라 열하에 다녀왔다. 그 경험을 《열하일기》에 적었다. 중상학파를 북학파라고 부르는 것은 박제가의 저술 《북학의》에서 비롯된 것으로 볼 수 있다.

왜 책 이름에 '북학'을 넣었을까. 청나라가 조선의 북쪽에 있어서, 그 북쪽 나라를 배우자는 의미로 '북학'을 쓴 것으로 설명되곤 하지만, 좀 더 깊은 뜻이 있었다. 박제가는 책 이름을 《맹자》에서 따왔다고 밝혔다. 중국 남쪽 지역 사람 진량이 공자 등을 흠모해서 학문이 발전한 북쪽으로 유학 가서 공부했는데 나중에는 북쪽 출신 학자들보다 실력이 앞서게 됐다는 내용이 《맹자》에 나온다. 북학(北學)해서 성취를 이룬 진량처럼 조선이 청나라의 장점을 배워 그들에 뒤지지 않는 나라로 성장하기 바라는 마음을 '북학의'로 표현한 것이다. 한편 박제가는 《북학의》서문 마지막에 이렇게 썼다.

---

165) 안대회 · 이현일 편역, 《한국산문선》7, 민음사, 2017, 312쪽.

금상 2년 무술년 가을 9월 그믐 전날, 위항도인은 비 내리는 통진의
농가에서 쓴다.

무술년은 1778년(정조 2)이다. 위항도인은 박제가의 호다. 눈에 띄
는 단어가 통진! 그렇다. 박제가가 《북학의》를 쓴 곳이 바로 김포다.
옛 통진 지역 어딘가에 와서 머물곤 하던 집이 있었던 것 같다. 김포
어디서 얼마나 살았는지는 제대로 알 수 없다.

그래도 박제가가 김포와 좋은 인연이 있었고, 특히 《북학의》를 탄생
시킨 곳이 바로 김포라는 점이 의미 있다. 어느 날 박제가가 김포에
오면서 시를 지었다. "천년 땅에 낙조가 드리우더니 / 가을 산은 강화
땅과 맞닿았구나 / 흰 구름에 기러기 짝지어 날고 / 소 한 마리 단풍
숲서 밭을 가누나. / …"[166]

– 서얼은 아팠다

자식을 낳아 남들은 모두 기뻐하지만
내 마음은 홀로 그렇지 않네
세상의 끝없는 괴로움을
네게 다시 전해주는 것이네

조선시대를 살았던 이휘라는 이가 지은 시이다. 자식을 낳았는데
기뻐하지도 못한다. 막 태어난 아기에게 미안해한다. 아비가 자식에게
'세상의 끝없는 괴로움을' 안기고 말았으니까.[167] 이휘는 왜 슬퍼했을
까. 그는 서얼이다. 그래서 그의 아기도 서얼이다.

정식 부인이 낳은 아들을 적자라고 하고 다른 여인이 낳은 아들을

---

166) 박제가 지음, 정민 등 옮김, 《정유각집》상, 돌베개, 2010, 198쪽.
167) 신영주, 〈조선 중기 서얼 지식인의 소외와 문학적 대응〉, 《동방한문학》제67
집, 2016, 8~9쪽.

서자라고 하는데 조선시대 서얼은 서자와 같은 의미로 쓰였다. 때로 서와 얼을 구분하기도 했다. 《명종실록》에 "서(庶)라고 하는 것은 양첩(良妾)의 자식이고, 얼(孽)이라 하는 것은 천첩(賤妾)의 자식"이라는 내용이 있다.

양반의 피를 받았으나 양반이라 할 수 없고 그렇다고 평민도 아닌 애매한 위치, 서얼의 현실이다. 아버지가 아무리 높은 사람이라고 해도 소용없다. 《경국대전》에 서얼의 자손에게는 문과 시험과 생원 및 진사 시험에 응시하지 못한다고 규정했으니, 서얼은 출세가 불가능했다.

차별이 심했다. 문과를 볼 수 없으니 잡과에 응시해서 하급 실무 관리가 되는 정도였다. 집안에서도 딱했다. 한울타리 안에 살면서도 대개 아버지를 아버지라 부르지 못했고 형을 형이라 부르지 못했다. 홍길동처럼. 박제가, 그도 서얼이다.

이름난 학자들에 늘 따라붙는 평가대로 박제가도 학문이 깊고 문장 능력이 탁월했다. 어린 나이부터 두각을 보였다. 그림도 잘 그려서 지금까지 전하는 작품이 몇 있다. 특히 시를 잘 지어 일찍 유명해졌다. 젊은 시절 그의 시와 이덕무·유득공·이서구가 지은 시를 엮은 시문집, 《건연집(巾衍集)》이 청나라에 소개되어 호평을 받았다(1776).

당시 청나라의 대표적 지식인인 반정균이 시를 읽고 박제가에게 편지를 보냈다. "《건연집》을 읽고 비로소 선생의 이름을 알았소이다. 신묘하게 읊

▲ 서울 원각사지십층석탑(문화재청)

은 시작 솜씨에 공경스러이 감복하는 바이오. … 그동안 제가 능히 선생을 알아보지 못한 점이 부끄럽습니다."[168] 청나라에서 박제가들의 시가 유명해지자, 그 소식이 조선에 알려졌다. 조선에서도 크게 주목받게 되었다.

지금도 종종 비슷한 일이 벌어진다. 영향력 없는 어느 소설가가 작품을 냈다. 주목하는 사람이 없다. 신문에 서평 한 줄 실리지 않았다. 책은 팔리지 않았다. 우연히 미국에 번역되어 나갔다. 호평이다. 미국 유력 언론사마다 이 소설을 소개한다. 이 소식이 국내로 전해진다. 이제 한국에서 어떤 일이 벌어지나. 언론마다 보도한다. 책은 베스트셀러가 된다.

박제가(朴齊家, 1750~1805)는 1750년(영조 26)에 한양에서 태어났다. '수신제가치국평천하'에서 '제가'를 따와 이름으로 삼았다고 한다. 자는 차수(次修), 호는 초정(楚亭)·정유(貞蕤)·위항도인(葦杭道人)을 썼다. 어머니가 아버지 박평의 측실로 들어가 제가를 낳았다. 서얼로 태어난 것이다. 11살 때 아버지가 돌아가시고 어머니와 함께 집을 나와 한양 여기저기로 옮겨 다니며 어렵게 살았다.

유득공, 이서구, 이덕무, 백동수 등과 가깝게 지냈다. 그들이 살던 곳 가까이 원각사지 십층석탑이 있었다. 지금 서울 탑골공원 안이다. 이 탑을 백탑이라고 불렀다. 박제가는 "도회지를 빙 두른 성의 중앙에 탑이 솟아 있어 멀리서 바라보면 으슥비슥 눈 속에서 대나무 순이 나오는 것"[169]처럼 보인다고 했다. 박제가들은 여기서 자주 어울렸다. 그들을 위해 마련된 공간 같았다. 그래서 박제가와 그의 벗들 모임을 '백탑파'라고 한다. 박지원과 홍대용도 백탑파의 구성원이다.

나이 열일곱에 아내를 맞았다. 이순신 장군의 후손인 이관상의 서녀

---

168) 박성순,《박제가와 젊은 그들》, 고즈윈, 2006, 20~21쪽.
169) 박제가 지음, 안대회 옮김,《궁핍한 날의 벗》, 태학사, 2016, 26쪽.

다. 결혼 첫날밤 박제가는 일반적인 예상과는 다른 행동을 했다. 신부 홀로 두고 나와 밤늦도록 술을 마셨다. 그러고는 이 친구 집, 저 친구 집 다 돌아보고서야 귀가했다. 왜 그랬는지 알 것도 같고, 모를 것도 같고.

박제가는 원만한 성격이 아니었던 것 같다. 개혁을 향한 꿈과 능력이 있으나 그걸 펼쳐낼 수 없는 신분의 굴레, 그로 인한 외적 욕구불만을 제대로 다스리지 못했다. "직설적 성격에 있는 그대로 행동하여, 세상에 뜻이 맞는 자가 드물었다."[170]라는 소리도 들었다. 그래서 그를 미워하고 증오하는 사람들이 생겨났다.

정조가 궁 밖으로 행차했다. 박제가도 따랐다. 야외에서 쉴 때 높은 관료만 의자에 앉을 수 있었던 모양이다. 그런데 하급 관리인 박제가가 접이식 의자에 떡하니 앉아 있다. 이걸 본 고관 심환지가 박제가에게 사람을 보내서 그러면 안 된다고 주의를 주었다. 아, 그러하냐, 하고 치우면 될 것을, 박제가는 버럭 화를 내며 이 의자는 내 집에서 가져온 것이라고 소리쳤다. 기분이 상한 심환지가 박제가를 파직하라고 임금에게 요구했다.

난처해진 정조는 심환지를 달랬다. "박제가 말투가 불손했지? 맞아, 사람이 좀 경솔하고 예의가 없어. 근데 의자에 앉으면 안 된다는 걸 몰라서 그랬을 거야. 뭐, 나무랄 게 있겠나. 대감이 이해하시게. 그리고 제가에게 규칙을 잘 알려줘서 앞으론 그런 일이 없게 하게."[171] 정조는 박제가의 부족한 점까지 이해하고 포용했다.

"고독하고 고매한 사람만을 골라서 남달리 친하게 사귀고, 권세 많고 부유한 사람은 멀리서 보기만 해도 사이가 멀어진다."[172]던 박제가다.

---

170) 안대회, 〈楚亭 朴齊家의 인간면모와 일상〉,《한국한문학연구》제36집, 2005.
171)《정조실록》정조 21년(1797) 2월 25일.
172) 안대회 · 이현일 편역,《한국산문선》7, 민음사, 2017, 309쪽.

사회성이 좀 부족했다고 말할 수는 있어도, 성격에 결함이 있었다거나 대인관계에 문제가 있다고 평하는 것은 옳지 않다. 처신만 잘하는 사람은 공갈빵, 박제가 같은 이는 꼭 찬 알밤. 단, 밤까시 주의!

- 작은 별이 큰 별을 만나

1778년(정조 2)에 박제가는 사신 채제공의 수행원 자격으로 청나라에 가게 되었다. 이덕무도 함께 갔다. 박제가와 이덕무, 중국 땅을 밟아보려던 꿈이 드디어 이루어졌다. 정식 관원도 아닌 사람들이 어떻게 사신단에 낄 수가 있었을까.

채제공이 밀었고, 정조가 결단했다. 세손 시절 정조의 선생님이 홍대용인데 홍대용이 정조에게 백탑파 인재들을 자세히 알렸다고 한다.[173] 정조는 박제가 등을 점찍어 두고 있었던 것 같다. 청에서 유명해진 《건연집》도 정조는 알고 있었을 것이다. 정조는 젊은 인재들에게 중국을 직접 경험할 수 있도록 기회를 준 것이다.

박제가가 돌아와서 쓴 책이 바로 《북학의》이다. 중국에 가기 전 박제가는 이미 중국에 대해 알 만큼 알고 있었다. 공부가 넉넉했다. 공부로 익힌 중국을 현지에 가서 직접 확인하는 과정이었다. 그래서 단 한번 중국 체험을 바탕으로 《북학의》를 쓸 수 있었던 것이다. 이후 박제가는 몇 번 더 중국에 다녀오게 된다.

30세 때인 1779년(정조 3)에 드디어 벼슬에 나아간다. 이덕무·유득공·서이수와 함께 규장각 검서관으로 채용된 것이다. 박제가는 "낚싯대 하나 들고 숨어 살까 하였다네. … 관모 쓰고 누이 찾아 부둥켜안고 울며, 부모님 돌아가신 박명(薄命)을 한탄했지."[174]라고 읊었다. 벼슬하게 됐다는 기쁜 소식을 부모님께 전하고 싶으나 이미 저세상에 가신

---

173) 박성순, 《박제가와 젊은 그들》, 고즈윈, 2006, 105~106쪽.
174) 이헌창, 《박제가》, 민속원, 2011, 79쪽.

뒤. 복받치는 설움에 누이를 부둥켜안고 울었다.

신명 나게 일했다. 숙직을 밥 먹듯 하면서도 힘든 줄을 몰랐다. "나흘에 한 번 겨우 집에 가는데 / 늦은 귀가 언제나 해가 질 무렵. / …어린 자식 오랜만에 나를 보더니 / 오려다간 다시금 머뭇거린다. / 배로 기어 제 어미를 향해 가는데 / 문득 보니 영락없는 두꺼비로다. / …"175) 행간에서 박제가의 행복이 읽힌다.

정조는 박제가를 무쌍사(無雙士)라고 부르며 총애했다. 무쌍사란, '견줄 자가 없는 선비'라는 뜻이다. 박제가는 정조를 진심으로 존경했다.

깊은 밤 이불 덮고 금문에서 숙직하니
맑은 꿈 예사로 지존께 다가가네
이상도 해라 미천한 몸 하늘 또한 응하여
작은 별이 오래도록 자미원 곁에 있네

박제가의 시이다. 작은 별은 박제가 자신을 가리킨다. 자미원은 임금을 상징하는 별이니 곧 정조를 말한다.176) 임금과 함께하고 있음에 감사하는 마음을 은유적으로 표현했다. 박제가는 때로 정조에게 투정을 부리기도 했다. 두 살 어린 정조는 마치 형처럼 박제가를 달래고 받아주었다.

임금 이전에 한 인간으로서도 정조는 대단하다. 왕이 되기 전까지, 되고 나서도 암살 위협에 시달릴 만큼 고단한 삶이었다. 아버지 사도세자를 죽게 한 신하들, 자신마저 죽이려 했던 신하들이 포진한 조정.

---

175) 박제가 지음, 정민 등 옮김, 《정유각집》상, 돌베개, 2010, 376~377쪽.
176) 박수밀, 〈朴齊家 詩에 나타난 삶의 궤적과 내면의식〉,《고전문학연구》제27집, 2005, 475쪽.

보통 멘탈이라면 진작에 무너지고 말았을 것이다. 하지만 정조는 그 정글 같은 조정에서 반듯한 왕으로 우뚝 섰다.

정조는 즉위한 해인 1776년에 규장각을 세웠다. 규장각은 역대 임금의 글과 귀한 책 등을 보관하는 왕실 도서관이면서 학문 기관이다. 그런데 여기서 각종 정책을 연구하고 추진하는 기능까지 하게 된다. 한마디로 정조의 싱크탱크, 개혁 정치의 중추 기관이 규장각이다. 조선 초 양성지의 주장이 이제 실현된 셈이다.

규장각을 세우고 3년 뒤인 1779년에 정조는 검서관이라는 특별 관직을 설치하고 그 자리에 서얼 출신 인재들을 임명한다. 박제가 등 4명이 이때 검서관이 되었다. 조선 후기부터 서얼에 대한 대우가 나아지기는 했어도 그들에게 관직을 준다는 것은 어려운 일이다. 정조는 이들을 쓰기 위해 치밀하게 준비했다.

우선 서얼들도 관직에 널리 진출할 수 있도록 조치하고 아직까지 존재하지 않았던 검서관이라는 자리를 새로 마련했다. 기존 관직에 이들을 임명할 경우 양반 관료들이 불같이 반발할 것이기 때문이다. 정조는 아마도 이런 식으로 양반 관료들을 구슬렸을 것 같다. "신경 쓸 거 없어, 검서관 별거 아냐. 당신들은 정규직, 검서관은 비정규직이야, 내가 규장각에 두고 허드렛일이나 시키려고 뽑은 거야."

외형상 검서관은 초라한 자리다. 그러나 속은 완연한 실세라고 할 수 있다. 정조의 최측근으로 다양한 활동을 하게 된다. 때로는 학자, 때로는 편집자, 때로는 임금의 비서 역할을 수행하며 정조를 보필했다. 실제로 박제가는 정조 가까이에서 활동하면서 《일성록》 등을 정리하고 《무예도보통지》를 비롯해 다양한 서적 편찬에 참여했다. 그가 검서관으로 재직한 시기는 1779년~1786년, 1789년~1792년, 1794년~1795년이다.[177)]

1786년(정조 10)에는 임금에게 상소를 올려 공식적인 개혁을 요구한다. 박제가는 상소의 본문을 이렇게 시작했다. "오늘날 국가의 가장 큰 병폐는 가난입니다. 그 가난에서 벗어날 수 있는 길은 중국과 통상하는 것뿐입니다."

서얼 검서관들은 그 출신의 한계 때문에 중요 관직이나 높은 자리로 승진할 수 없었다. 다만 일정 기간 근무 후 지방관으로 파견되는 경우가 있었다. 박제가도 10여 년간 검서관으로 있다가 43세 때인 1792년(정조 16)에 부여현감이 되었다. 그런데 거듭 큰 슬픔을 겪어야 했다.

부인이 세상을 떠났다. 몇 개월 후에는 평생의 벗 이덕무마저 죽고 말았다. 설상가상, 박제가는 부여현감에서 파면된다. 충청도에 암행어사가 떴다. 몇몇 수령의 잘못이 적발됐다. 그 명단에 박제가가 있다. 무슨 잘못을 한 것일까. 암행어사의 보고에 의하면, 굶주린 백성에게 배급 주던 죽이 묽었기 때문이다.[178] 구휼용 죽이 묽어서 … . 박제가가 덫에 걸린 것이 아닐까 싶다. 아무튼 곤장 100대에 귀양까지 갈 뻔했으나 정조가 힘써 막아 파면으로 그쳤다.

> 문묘에 작헌례를 거행하고 돌아와서 춘당대에 거둥하여 문과와 무과의 시험을 보였다. 문과에서는 김근순 등 6명을 뽑고 무과에서는 박제가 등 31명을 뽑아서 방방(放榜)하였다.[179]

창경궁 후원 춘당대에서 시행되는 춘당대 문·무과는 조선시대 비정기 과거인 별시의 하나이다. 1794년(정조 18)에 시행된 과거에서 박제가가 무과에 응시, 장원으로 급제했다. 공부만 한 것이 아니었다. 평소 활쏘기 등 무예를 단련해왔던 것 같다.

---

177) 이헌창, 《박제가》, 민속원, 2011, 78쪽.
178) 《정조실록》 17년(1793) 5월 27일.
179) 《정조실록》 18년(1794) 2월 26일.

춘당대에서 직접 활을 쏘곤 했던 정조는 박제가의 무예 실력에 몹시
흡족했을 것이다. 정조는 박제가를 오위장(五衛將)으로 임명했다.
1795년(정조 19), 박제가는 영평현령이 되었다. 다시 위기가 왔다. 심환
지가 박제가를 파직하라고 정조에게 요청한 것이다. 그러나 정조는
거부했다.

1798년(정조 22) 정조는 나라 유생들에게 농사에 관한 책을 지어
올리라는 지시를 내린다. 이때 박제가는 《진소본북학의(進疏本北學
議)》를 써서 올렸다. 《진소본북학의》는 《북학의》에서 관련 내용을 간추
리고 더해서 정리한 것이다. 박제가는 이 글의 마지막에 이렇게 썼다.
"만약 옛 명나라를 위하여 원수를 갚고 치욕을 씻고자 한다면, 20년
동안 중국을 힘써 배운 후에 그 일을 논해도 늦지 않을 것이다."[180]

1800년(정조 24), 1752년생인 정조가 갑자기 사망했다. 노론 벽파
세력과 격하게 대립할 때였다. 재위 기간은 1776년~1800년, 25년간이
다. 49세, 당시로는 요절이라고 할 수 없는 나이이고, 25년이라는 재위
기간도 짧다고만 할 수 없다. 그래도 아쉽다. 10년만 더 살았어도 조선
의 역사는 다르게 흘렀을 것이다. 개혁의 물줄기가 바로 뚫렸을 것이다.
수많은 인재가 사라지지 않았을 것이다.

정조가 죽자 박제가는 살고 싶은 마음이 없어졌다며 절망했다. 만약
정조가 죽지않았다면, 박제가의 주장대로 개혁이 이루어졌을까. 그렇
지는 않았을 것이다. 박제가의 주장은 한마디로 개방이다. 청나라의
선진기술(서양 기술 포함)을 적극적으로 수용하고 외국과의 해상무역
을 활성화해서 나라를 부강하게 하고 가난을 몰아내자는 것이다. 상공
업을 육성하자는 것이다.

사농공상의 신분 구조가 견고한 성리학의 나라 조선, 신하도 왕도

---

180) 박제가 지음, 박정주 옮김, 《북학의》, 서해문집, 2003, 246쪽.

기본적으로 성리학자다. 신하들이 배타적 성리학자라면, 정조는 포용적 성리학자라고 할 수 있다. 정조는 박제가의 주장을 귀담아들었지만, 실제 정책으로 받아들이지는 않았다. 당시로써는 너무 파격적이고 혁신적인 주장이었다. 개항(1876) 이후에야 박제가 주장 따라 개혁이 시도된다.

정조에게 아들이 둘 있었다. 장남 문효세자는 어려서 죽었다. 하나 남은 아들이 정조를 이어 즉위했는데 겨우 나이 11살, 순조다. 그 나이에 어찌 제대로 된 왕 노릇을 할 수 있겠나. 외척이 권력을 장악하고 정치를 말아먹기 시작했다.

순조가 즉위하자 집권 세력은 '정조 지우기'에 나선다. 정조가 아꼈던 인물들이 죽임을 당하거나 정약용처럼 유배형에 처해졌다. 박제가도 어정쩡한 죄를 뒤집어쓰고 저 멀리 함경도 종성으로 유배된다. 조정에는 박제가를 쳐내려고 벼르던 사람들이 많았다. 그들 중에 영의정 심환지가 있었다. 의자 사건의 그 심환지.

▲ 박제가 초상

1801년(순조 1), 누군가 한양 동남 성문(東南城門)에 투서(投書)했는데, 시국을 비판하는 내용이었다. 임시발과 함께 윤가기가 이 사건에 걸려들어 죽임을 당했다.[181] 윤가기는 박제가의 사돈이다.

181) 《순조실록》 1년(1801) 9월 6일.

윤가기의 아들과 박제가의 딸이 혼인했다.

윤가기 집 노비가 윤가기와 박제가가 어울렸다고 말했다. 그래서 박제가까지 체포됐다. 억지스럽다. 실록에 이르기를, "박제가를 즉시 잡아들이고 국문하여 대면시키고 여러 날을 신문하였으나, 상세하게 밝힐 수가 없었다. … 종성부로 정배하였는데, 의금부 당상과 삼사에서 서로 상소하여 정지할 것을 청하였으나, 허락하지 않았다."[182]라고 했다.

1801년(순조 1)에 떠난 함경도 귀양길. 1804년(순조 4)에 겨우 풀려나 돌아온 박제가, 돌아와서도 운신에 제약을 받았다. 여전히 죄인 신분이었다. 1805년(순조 5), 드디어 죄인의 신분에서 벗어나 자유의 몸이 되었다. 그러나 자유의 몸이 되고 한 달 만에 사망하고 만다.[183] 아내 만나러, 벗들 만나러, 그리고 정조 만나러, 갔다. 56세였다.

잘못 없이 끌려가 오래도록 모진 고문 받고 망가진 몸으로 먼 길 귀양길에 올랐으니 성할 리가 없었다. 그 추운 곳, 잠자리나 먹을거리나 오죽했겠나. 아비로서 새끼들 걱정은 또 얼마나 했을까. 귀양길이 죽음길이었다.

– 김포에서 탄생한 《북학의》

이제 《북학의》를 기웃해보자. 교과서 등에 자주 언급되는 내용을 중심으로 발췌해서 요약했다.

◎ 북경에는 대낮에도 수레 구르는 소리가 천둥소리 같다. 생활 곳곳에서 수레가 다양하게 쓰인다. 그런데 우리나라는 수레를 잘 안 쓴다. 신라 때만도 못하다. 만듦새도 퇴보했다. 바큇살 없는 수레가 굴러다닐 정도다. 두메산골 사람들은 새우젓이 무엇인지 모른다. 이상한 먹을거

---

182) 《순조실록》 1년(1801) 9월 15일.
183) 박성순, 《박제가와 젊은 그들》, 고즈윈, 2006, 218~219쪽.

리라고 한다. 유통이 안 되니 그렇다.

◎ 전라도 전주의 상인이 생강과 참빗을 짊어지고 걸어서 평안도 의주로 팔러 간다. 가는 동안 먹고 자는 경비가 많이 든다. 물건을 판다고 해도 몇 푼이나 남기겠나. 금덩이를 갖고 있다고 해도 쌀이 없으면 굶어 죽는다. 상업이 살아야 나라가 산다. 유통이 중요하다. 그러려면 수레를 제대로 만들어 널리 사용해야 한다. 중국과의 교역을 더욱 활성화해야 한다. 있는 것을 내다 팔고 없는 것을 사 오는 게 당연한 이치 아닌가. 수레와 함께 선박 구조의 개선도 그래서 꼭 필요하다.

◎ 검소한 것이 무조건 좋은 것은 아니다. 재물이란 우물과 같다. 퍼내면 차기 마련이고 이용하지 않으면 말라버린다. 적절한 소비가 생산을 자극하고 경제를 살린다. 있는 것을 아끼는 검소함보다 공급되지 않아서 검소할 수밖에 없는 게 더 걱정이다.

◎ 중국은 성벽 등을 벽돌로 쌓았다. 우리도 그래야 한다. 벽돌은 돌보다 약하다고 하지만, 그렇지 않다. 돌 하나가 벽돌 하나보다 단단하다. 하지만 여러 개 쌓을 때는 벽돌이 더 단단하다. 돌은 일일이 다듬어야 하지만 벽돌은 치수가 같아서 그럴 필요가 없다. 쌓는 데 힘도 덜 든다. 대량 생산된 벽돌을 어떻게 운반하나? 물론 수레다. 그런데 벽돌로 끝이 아니다. 중국은 성벽 밑에 해자를 파고 성문 앞에 옹성을 쌓았다. 적을 막는 아주 효율적인 장치이다. 우리는 해자와 옹성을 거의 만들지 않는다. 만들어야 한다.

◎ 중국에 가보니 사람들이 마부 없이 혼자 말을 탄다. 이게 자연스러운 거였다. 사람이 말을 타는 이유는 빨리 달려가기 위함이다. 그런데 우리는 마부가 줄을 묶어 앞에서 끌고 간다. 말이 걷는 속도는 사람이 걷는 속도와 거의 같다. 이건 한마디로 폼 잡는 것이다. 이런 말이 전쟁터에 나가면 제구실을 하겠는가.

◎ 중국에서는 거름을 금처럼 아낀다. 말이 지나가면 삼태기를 들고

따라가면서 말똥을 줍는다. 재를 길바닥에 버리는 일이 없다. 재와 똥은 농토를 비옥하게 하는 비료로 쓰인다. 그런데 우리나라는 재를 전부 버리고 이용하지 않는다. 우리도 재를 함부로 버리지 못하게 해야 한다. 그러면 농사에 도움이 되고 거리도 깨끗해질 것이다.

> 나는 어릴 적부터 고운 최치원과 중봉 조헌의 사람됨을 사모하여 비록 뒷시대에 살고 있지만 그분들의 말을 끄는 마부가 되어 모시고 싶다는 간절한 소망을 가졌었다.

박제가는 《북학의》 서문을 이렇게 시작했습니다. 신라의 최치원과 조선의 조헌, 이 두 사람을 콕 집어 존경하는 인물로 밝힌 데는 이유가 있습니다. 최치원은 중국에 유학했다가 신라에 돌아와서 개혁안을 제시했습니다. 기울어가는 조국을 바로 세우려는 열망으로 개혁을 요구했던 것입니다. 그의 개혁안은 중국의 제도를 배우고 수용하자는 내용이었을 겁니다.

사신으로 중국에 다녀온 조헌은 중국의 문물과 제도를 참고해서 조선의 병폐를 고치자고 했습니다. 중국을 배워 그들과 어깨를 나란히 하는 나라로 만들어보자는 최치원과 조헌의 뜨거움, 그것이 박제가와 통한 것입니다. 박제가는 이렇게 말합니다. "조그마한 이 외진 나라를 한번 개혁하여 중국의 수준으로 올리고자 노력한 사람은 오로지 이 두 분밖에 없었다."

최치원의 중국은 당나라였습니다. 조헌의 중국은 명나라입니다. 박제가의 중국은 청나라입니다. 박제가 당시 사람들은 당나라와 명나라는 중국이지만, 청은 중국이 아니라고, 한낱 오랑캐라고 인식했습니다. 그러나 박제가에게는, 북학파에게는 청나라가 중국이었습니다.

중국 것은 다 좋고 우리나라 것은 다 형편없다는 것인가? 그건 아닙니다. 우리나라 나름의 아름다움이 왜 없겠습니까. 최치원·조헌·박제가도 그걸 다 알았겠지요. 다만 보다 좋은 쪽으로 이 나라를 개혁하려면 비판적인 시각으로 우리를 살펴야 했고, 그 부분의 대안을 중국에서 찾은 것뿐이겠지요.

이제 박제가의 시 한 편 소개하면서 마무리합니다. 시를 지을 때는 마음이 평온해지고 또 여유로워지는 모양입니다. 박제가의 작품 몇을 읽으며 그런 생각이 들었습니다. '농가에서 홀로 앉아(農家獨坐)'라는 작품인데요, 통진 집에서 지은 것이 아닐까 싶습니다.

> 빈집이라 대낮에도 쓸쓸터니만
> 민둥산이 야트막이 초가 품었네.
> 한가하면 거울 자주 들여다보고
> 피곤하면 혼자서 칼을 간다네.
> 고양이는 부뚜막에 기대어 졸고
> 닭은 여물통 위를 혼자서 가네.
> 이 중에 아름다운 시구가 있어
> 힘든 줄도 모르고 머리만 긁네.[184]

---

184) 박제가 지음, 정민 등 옮김, 《정유각집》상, 돌베개, 2010, 199~200쪽.

도움받은 자료

곽재우 외 8인 씀, 오희복 옮김, 《임진년 난리를 당하매》, 보리, 2011.

구범진, 《병자호란, 홍타이지의 전쟁》, 까치, 2019.

구종서, 《손돌선장과 임금님》, 청미디어, 2008.

김성언, 《남효온의 삶과 시》, 태학사, 1997.

김영헌, 《권율과 전라도 사람들》, 심미안, 2012.

김포문화원, 《김포시 금석문 대관》, 2001.

김포문화원, 《조선왕조실록 눌재 양성지편》, 2006.

남효온 지음, 정출헌 옮김, 《추강집》, 한국고전번역원, 2014.

박성순, 《박제가와 젊은 그들》, 고즈윈, 2006.

박영규, 《한권으로 읽는 조선왕조실록》, 웅진지식하우스, 2004.

박제가 지음, 안대회 옮김, 《궁핍한 날의 벗》, 태학사, 2016.

박제가 지음, 박정주 옮김, 《북학의》, 서해문집, 2003.

박제가 지음, 안대회 옮김, 《북학의》, 돌베개, 2003.

박제가 지음, 정민 등 옮김, 《정유각집》상, 돌베개, 2010.

박철, 《김포행 막차》, 창작과비평사, 1990.

백상태·장석규, 《문무겸전의 전략가 장만 평전》, 주류성, 2018.

서울대학교역사연구소 편, 《역사용어사전》, 서울대학교출판문화원, 2015.

손태익 편저, 《한국사 시대별 관제편람》, 행복한미래, 2016.

신병주, 《이지함 평전》, 글항아리, 2009.

안대회·이현일 편역, 《한국산문선》7, 민음사, 2017.

원창애 등, 《조선시대 과거제도 사전》, 한국학중앙연구원출판부, 2015.

윤국일 옮김, 《신편 경국대전》, 신서원, 2005.

이경수, 《강화도史》, 역사공간, 2016.

이경수, 《김포역사산책》, 신서원, 2009.

이경수, 《숙종, 강화를 품다》, 역사공간, 2014.

이덕일, 《당쟁으로 보는 조선역사》, 석필, 2004.

이목 저, 최영성 편역, 《국역 한재집》, 문사철, 2012.

이성무, 《명장열전》, 청아출판사, 2011.

이재운, 《우리 한자어 1000가지》, 예담, 2008.

이하준, 《중봉 조헌과 그의 시대》, 공간미디어, 2010.

이헌창, 《박제가》, 민속원, 2011.

이형상 저, 인천광역시 역사자료관 역, 《역주 강도지》, 2015.

임용한, 《박제가, 욕망을 거세한 조선을 비웃다》, 역사의아침, 2012.

장만, 《낙서집》, 장만장군기념사업회, 2018.

정간공한재종회, 《한재사당》, 2019.

정민, 《성대중 처세어록》, 푸르메, 2009.

조헌 지음, 동아시아비교문화연구회 옮김, 《조천일기》, 서해문집, 2014.

통진향교교지편찬위원회, 《통진향교지》, 회상사, 2002.

한국철학사연구회, 《한국실학사상사》, 다운샘, 2000.

한명기, 《병자호란》2, 푸른역사, 2013.

한영우, 《조선 수성기 제갈량 양성지》, 지식산업사, 2008

◆◆◆

고승관, 〈조선왕릉 연지의 생태적 특성과 전형에 관한 연구〉, 상명대학교대학
　　　원 석사학위논문, 2011.

김경래, 〈명종대 말~선조대 초반의 정국과 심의겸〉, 《조선시대사학보》제82집,
　　　2017.

김경수, 〈세조의 집권과 권력 변동〉, 《백산학보》제99집, 2014.

김남이, 〈家系・師友 관계를 통해 본 15세기의 지식인 남효온〉, 《동양한문학연
　　　구》제26집, 2008.

김돈, 〈선조대 심의겸・김효원의 갈등 요인 검토〉, 《역사교육》제79집, 2001.

김보경, 〈김시습과 남효온, 추방된 비전과 굴원·초사 수용〉, 《동양한문학연구》

제67집, 2016.

김석규, 〈눌재 양성지의 관방론 연구〉, 《군사연구》제134집, 2012.

김인규, 〈중봉 조헌 개혁사상의 실학적 특성〉, 《동양철학연구》제41집, 2005.

김진수, 〈임진왜란 초 官軍의 재편과 성격에 대한 재인식〉, 《한일관계사연구》
　　　제63집, 2019.

김진수, '갑곶나루는 김포에 없다', 김포미래신문, 2008.05.07.

김진호, '각성제가 된 아베의 일격, 한·일 외교 새로운 포석 기회로', 경향신문,
　　　2019.07.20.

남달우, 〈숙종대 김포 장릉 방화사건과 읍격 변화〉, 《인천학연구》제20집,
　　　2014.

노혜경, '탐관오리를 삶아 죽여라?', 동아비즈니스리뷰210호, 2016.10.

박경정, 〈세계유산 조선왕릉의 입지와 활용방안에 관한 연구〉, 건국대학교대
　　　학원 박사학위논문, 2015.

박범, 〈조선시대 사림세력 형성의 역사적 배경〉, 《국학연구》제19집, 2011.

박수밀, 〈박제가 詩에 나타난 삶의 궤적과 내면의식〉, 《고전문학연구》제27집,
　　　2005.

손혜리, 〈과거를 통해 본 조선후기 서얼가의 學知생성과 家學의 성립〉, 《대동
　　　한문학》, 2013.

신명호, 〈임진왜란 중 선조 직계가족의 피난과 항전〉, 《軍史》제81호, 2011.

신병주, 〈문무겸전의 인물 장만, 그 시대와 활동〉, 《조선시대사학보》제64집,
　　　2013.

신영주, 〈조선 중기 서얼 지식인의 소외와 문학적 대응〉, 《동방한문학》제67집,
　　　2016.

안대회, 〈초정 박제가의 인간면모와 일상〉, 《한국한문학연구》제36집, 2005.

오수창, 〈병자호란에 대한 기억의 왜곡과 그 현재적 의미〉, 《역사와 현실》제
　　　104호, 2017.

이경하, 〈소혜왕후의 불교옹호발언과 젠더권력관계〉, 《한국여성학》제20권 1
　　　호, 2004.

이근호, 〈조선시대 이조전랑의 인사 실태〉, 《한국학논총》제31집, 2009.

이병담, 〈조선총독부 초등학교 『國史』에 나타난 침략사관과 식민지 아동의
　　　탄생〉, 《일어일문학》제27집, 2005.

이상익, 〈주자학과 조선시대 정치사상의 정체성 문제〉, 《한국철학논집》제14
　　　집, 2004.

이상훈, 〈인조대 이괄의 난과 안현 전투〉, 《한국군사학논총》제69집, 2013.

이영석, 〈군사사학적 관점에서 고찰한 임진왜란시 청주성 및 금산성 전투〉,
　　　《한국군사학논총》제1집, 2012.

이영태, '뱃사공 손돌 설화 현장 묘사', 인천일보, 2014.12.11.

이재룡, 〈조선 후기 붕당정치의 역사적 의의〉, 《동양사회사상》제19집, 2009.

이정철, 〈선조 대 '동서분당' 전개의 초기 양상〉, 《민족문화》제43집, 2014.

이종호, 〈병자호란의 開戰원인과 朝·淸의 군사전략 비교연구〉, 《軍史》제90
　　　호, 2014.

이태진, 〈당파성론 비판〉, 《한국사시민강좌》제1집, 1987.

이하준, 〈우저서원의 역사〉, 《서원향사》, 국립무형유산원, 2014.

장유승, '장유유서의 오해', 경향신문, 2018.11.08.

정현채, '일제에 의해 철거된 영조, 정조대왕의 현판', 김포신문, 2019.01.08.

조원래, 〈임진왜란사 인식의 문제점과 연구과제〉, 《한국사학사학보》제26집,
　　　2012.

국립고궁박물관 https://www.gogung.go.kr

김포문화원 http://gimpo.kccf.or.kr

김포시청 http://www.gimpo.go.kr

남원윤씨대종회 http://cafe.daum.net/nwyoon

문화재청 http://www.cha.go.kr

장달수의 한국학 카페 http://cafe.daum.net/jangdalsoo

청송심씨대종회 http://www.csshim.or.kr

한국고전종합DB http://db.itkc.or.kr/

한국금석문 종합영상정보시스템 http://gsm.nricp.go.kr

한국민족문화대백과사전 encykorea.aks.ac.kr

한국사 데이터베이스 http://db.history.go.kr

한국사역대인물 종합정보시스템 http://people.aks.ac.kr

□ 자료 제공 및 소장처

문화재청

김포역사 인물산책

지 은 이 이경수
초판 1쇄 발행 2019년 10월 25일

발 행 인 박종서
발 행 처 역사산책
출판등록 2018년 4월 2일 제25100-2018-000060호
주   소 (10477) 경기도 고양시 덕양구 은빛로 39, 401호(화정동, 세은빌딩)
전   화 031-969-2004
팩   스 031-969-2070
이 메 일 historywalk2018@daum.net
페이스북 https://www.facebook.com/historywalkpub/

ISBN 979-11-964076-9-8 03910

값 15,000원

이 도서의 국립중앙도서관 출판예정도서목록(CIP)은 서지정보유통지원시스템 홈페이지
(http://seoji.nl.go.kr)와 국가자료종합목록 구축시스템(http://kolis-net.nl.go.kr)에서
이용하실 수 있습니다. (CIP제어번호 : CIP2019041296)